新雅教育系列

在家學 IB

U0061121

心理學家助你在家培養
孩子十大IB能力

香港心理學會 輔導心理學部 著

新雅文化事業有限公司

www.sunya.com.hk

前言

方婷
註冊輔導心理學家、心靈勵志書作者
樂融整合心理治療中心創辦人

袁文得
心理輔導師、教育心理學家
香港大學教育學院教授

《在家學IB：心理學家助你在家培養孩子十大IB能力》是一本實用的專業指南，揭示培育孩子所需的精髓，特別為那些渴望在家中為孩子培養國際文憑（IB）所需能力的家長而創作。這本書匯聚了 10 位資深心理學家的智慧，他們憑藉多年的經驗，透過深入淺出的解釋和實用的建議，致力於透過正向心理學的培養，引導讀者探索如何在家庭環境中全面提升孩子的 IB 能力，讀者可了解到如何培養孩子的解難能力、批判思維、創造力和自主學習能力，這些都是在 IB 課程中非常重要的技能（施仲謀，2019）。

社會現況以及家長所面臨的挑戰

現代社會家長面臨多重挑戰，忙碌的日程安排、協助孩子達到的教育要求、建立有意義的親子互動、管理孩子的媒體使用、保護他們的隱私，以及教導他們適當使用科技、平衡不同文化價值觀和傳統，同時培養孩子的身分認同和尊重多樣性等。這些挑戰要求家長在繁忙的生活中尋

找平衡，持續地提供支持和指導，培養孩子的適應能力和心理健康。儘管家長對孩子的期望可能各有不同，但他們都在追求同一個目標：竭盡所能在孩子的成長道路中為他們提供良好的教育與支援、努力以正面的方式指導孩子、培養他們的積極性等。這些理念在文字表達上似乎並不困難，然而，在現實生活中，家長往往會感到困惑，不知道如何在表達情感時保持正面態度，也難以確切掌握如何鼓勵孩子勇於嘗試新事物，或者教導他們從錯誤中學習和反思自我（Racham, 2022）。

IB 的課程特色

　　IB 是一種國際教育組織，提供一套以學生為中心的教育方案，以綜合學習、國際意識、批判思維、創新和創造力、社會服務以及學習方法為特色。這種教育方法旨在培養學生全面發展，具備跨學科知識、全球視野和解決問題的能力，為未來學習和生活打下堅實基礎。IB 教育着重培養 6 大核心方向：(1) 提供豐富的學習資源和環境、(2) 鼓勵學生自主學習、(3) 培養學生的批判性思維能力、(4) 促進學生之間的合作與溝通、(5) 培養學生的國際意識、(6) 給予學生正面的回饋和鼓勵（Aride, 2018）。這些教育目標與正向心理學的核心若能相互配合，並能適切地在生活場景中應用，將更全面和有效地支持孩子的整體發展。

　　根據 IB 的官方網站（International Baccalaureate, 2023）指出，所有 IB 課程的目標是培養具有國際視野的人，他們認識到人類共同的人性，致力創造一個更美好、更和平的世界，而「IB 學習者概況」代表 IB 世界學校所重視的十大性格特質。這些特質和類似的特質可以幫助個人和群體成為所負責的地方、國家和全球社區的成員。

本書重點內容

　　本書是依據 IB 官方網站（International Baccalaureate, 2023）羅列的十大性格特質作為每章的框架，分別以案例、心理學理論及教養技巧等講述以下重點：

- 如何提供學習資源和環境，包括：為孩子提供適當的學習資源（如書籍、網絡資源、多媒體素材等），以及創建一個安靜、舒適的學習環境；
- 如何鼓勵孩子自主學習，包括：鼓勵孩子自主選擇學習主題、制定學習計劃等；
- 如何培養孩子的批判思維，包括：啟發孩子提出問題、挑戰觀點、分析資訊等；
- 如何促進孩子的合作與溝通，包括：鼓勵孩子參與團隊活動和合作項目，以及提供機會讓孩子與他人分享觀點和想法等；
- 如何培養孩子的國際意識，包括：閱讀及觀看多元文化資源、鼓勵孩子參與國際事務和社區服務等；
- 如何給予孩子正面回饋和鼓勵，促使他們堅持努力、面對挑戰並從失敗中學習。

正向教育的重要性

　　本書着重強調正向心理學的概念以及其在家庭教育中的重要性，並探討如何以此為基礎實踐 IB 課程的十大性格特質。「授人以魚，不如授人以漁」，這句話強調了家長和教育者的角色不僅是幫助孩子達到一定學術水平，更重要的是幫助他們在成長過程中實現自我。正向教育關注的焦點不應停留在問題的發現和解決上，也不是針對

「有問題的孩子」，而是要發掘孩子所具備的優勢和潛能（方婷等，2021）。以優勢為基礎、積極情緒和積極關係是正向教育的基石，分別代表人們的智力資產、情緒資產和社會資產（陽志平和彭華軍，2020）。

英國正向心理學家 Nick Baylis 在 *Teaching Positive Psychology* 一書中介紹了正向心理學的實踐應聚焦的 5 個主題：促進更好的思維能力（培養冷靜以實現清晰思考）、促進內在動機（培養內在動機）、培養學生的內控感（培養內在的掌控感）、培養學生的幸福感（尊重幸福）、提升學生的專注力和心流體驗（培養正念和心流狀態）。

正向心理學家關注個人的優勢、積極情緒和心理幸福感，並提供了一系列實踐方法和技巧。上述觀點強調了正向教育的核心目標，通過培養孩子的積極心態和能力，幫助他們發展出更好的思維能力、內在動機、內控感、幸福感、專注力和心流體驗。這些主題的實踐有助於提升學生的學習成果和整體發展，同時也為他們未來的成功和幸福奠定基礎。

輔導心理學家的分享

輔導心理學家強調全面發展，在本書深入探討如何通過十大性格特質的發展和正向心理學的培養，全面培育孩子在家中所需的 IB 能力。以下是他們在書中分享的核心觀點：

- **培養十大性格特質：** 培養孩子的十大性格特質對於他們在將來社會發展有重要的幫助。這些特質包括批判性思維和國際意識等（Tough, 2012）。
- **重視正向心理學：** 正向心理學注重關注個體的優勢、積極情緒和心理幸福感。通過在家庭環境中積極培養孩子的優勢和積極情緒，幫

助孩子發展 IB 課程中的性格特質，可以為他們在學校環境中學習 IB 課程奠定基礎（Waters, 2017）。

- **家庭環境的支持：**家庭環境對孩子的發展有着深遠的影響。通過在家庭環境中提供支持和鼓勵，家長可以幫助孩子更好地發展他們的能力（Rose & Stone, 2022）。
- **家長的參與：**建議家長積極參與孩子的教育，了解 IB 課程的要求和目標，以便更好地支持孩子在家中全面培養 IB 能力（Nichols, 2013）。
- **個性化的教育方法：**每個孩子都有獨特的個性和需求。因此，家長應根據孩子的個性和興趣採取個性化的教育方法，以便更有效地培養他們的 IB 能力（Meyer et al., 2014）。

綜上所述，輔導心理學家以獨特的角度分享如何在家中培養孩子的 IB 能力，包括：(1) 積極探索、(2) 學識豐富、(3) 勤於思考、(4) 樂於溝通、(5) 重視原則、(6) 開放思維、(7) 具有愛心、(8) 勇於嘗試、(9) 均衡發展、(10) 及時反思。培養這些特質可幫助孩子塑造獨特的個人風格和成功的學術能力 (Niemiec & Pearce, 2021)。本書將帶領讀者了解正向心理，並在家中運用 IB 的理念培養孩子的正向情緒、樂觀思維和自我肯定。這些技巧不僅對學術發展有益，對個人的整體發展和幸福感也產生積極影響（Seligman, 2012）。

總結

本書為讀者提供了珍貴的指導和啟示，無論是 IB 課程學生的家長、非 IB 課程學生的家長，或者是教育工作者，都能在本書中獲得有益的建議和啟發。本書的目的在於協助讀者在家中營造一個充滿關愛和正向力量的環境，為孩子提供一個安全且快樂的學習與成長場所。

透過應用正向心理學的原則，培養孩子的十大性格特質，將能夠提升孩子的自信心和創造力，激發他們對學習和探索的熱情。

參 考 資 料

- Baylis, N. (2004). Teaching positive psychology. In P. A. Linley & S. Joseph (Eds.), *Positive psychology in practice* (pp. 210–217). John Wiley & Sons, Inc. https://doi.org/10.1002/9780470939338.ch13
- International Baccalaureate (2023). *The IB learner profile*. Retrieved from https://www.ibo.org/benefits/learner-profile/
- Meyer, A., Rose, D.H. & Gordon, D. (2014). *Universal design for learning: Theory and practice*. CAST.
- Nichols, M.L. (2013). *The parent backpack for kindergarten through Grade 5: How to support your child's education, end homework meltdowns, and build parent-teacher connections.* Ten Speed Press.
- Niemiec, R.M. & Pearce R (2021) The practice of character strengths: Unifying definitions, principles, and exploration of what's soaring, emerging, and ripe with potential in science and in practice. *Frontier in Psychology.* 11: 590220.
- Racham, J. (2022). *5 ways to grow with your child*. Place2Be.
- Rose, M. & Stone, L. (2022). *Raising resilient and compassionate children: A parent's guide to understanding behaviour, feelings and relationships.* Wise Women Publishing
- Seligman, M.E.P. (2012). *Flourish: A visionary new understanding of happiness and well-being*. Free Press.
- Tough, P. (2012). *How children succeed: Grit, curiosity, and the hidden power of character.* Houghton Mifflin Harcourt.
- Upper Canada College. (2015, November 18). *Andrew Arida from UBC on the value of an IB education* [Video]. YouTube. https://www.youtube.com/watch?v=09xXwfBenCA
- Waters, L. (2017). *The strength switch: How the new science of strength-based parenting can help your child and your teen to flourish.* Penguin.
- 方婷、關海寧、劉麗珊（2021）。《正是有選擇：正向心理應用手冊》。香港青年協會。
- 施仲謀（2019）。〈IB 理念與孔子教育思想的比較〉。《國際中文教育學報》。6。頁 85-111。
- 陽志平，彭華軍（2020）。《積極心理學：團體活動操作指南（第二版）》。機械工業出版社。

推薦序 1

陳狄安主席
香港直接資助學校議會主席

21 世紀瞬息萬變，教育方式也應與時俱進，不再只是「填鴨式」教育，而是要因應每個孩子的不同興趣，靈活地發展他們的潛能，發揮所長。

香港心理學會輔導心理學部以專業的知識和豐富的經驗，與讀者剖析孩子在不同成長階段的現象，提供實用的建議，幫助家長在理論及實踐中從旁協助孩子成長，建立良好的親子關係。

《在家學 IB：心理學家助你在家培養孩子十大 IB 能力》所討論的國際文憑（IB）和正向教育，是教育界近年重點發展的核心內容，而培育孩子正確的價值觀和態度，家長的參與亦至為重要。透過家長、學校、社會攜手合作，幫助孩子在成長的不同階段學習如何正面樂觀地面對挑戰。

《在家學 IB：心理學家助你在家培養孩子十大 IB 能力》是一本為協助家長培育出具有國際文憑（IB）課程所注重的十大能力的孩子而寫的重要指南，旨在幫助他們在家中發展孩子所需的各項能力。本書的作者羣為一班資深輔導心理學家，他們以豐富的輔導心理學專業知識和臨牀經驗，為讀者提供了全面、與時並進及「貼地」的教養資源。

IB 的使命是培養勤學好問、知識淵博、富有好奇心及愛心的年輕人，並鼓勵他們通過對多元文化的理解和尊重，探索周遭的環境，為世界作出貢獻。這本書以心理學的角度探討了如何在家中培養孩子的多方能力，當中提供了一系列的指導原則、策略和實踐建議，幫助孩子更能積極探索、豐富學識、勤於思考、樂於溝通，以及培養批判思維和解決問題能力等重要技能。同時，本書還闡述了情緒管理、人際關係和自我成長等方面的重要主題，對孩子在成長過程中取得學業成就和平衡發展至關重要。

作者利用心理學的視覺，引導讀者循序漸進地了解各種實用的教養建議，透過這本書的指導，期望孩子能夠開展出色的學術和個人成就，成為具有全球視野和多元文化理解力的優秀公民。

期望家長在培養孩子時謹記：教養不是一份操練，而是用愛一點一滴去鞏固，維繫關係大於一切，每位爸爸媽媽都是孩子的最強後盾！

推薦序 3

蔡博麒董事

香港教育心理學家公會董事

香港心理學會輔導心理學部一向對推廣普及心理學不遺餘力,在出版方面非常多產。信步各大書店,不難在暢銷書榜單中找到他們的書影,包括香港教育城第 18 屆「十本好讀」教師推薦好讀得獎作品《做自己的情緒管理師:20 個負面情緒管理法》等。輔導心理學部涉獵題材甚廣,由心靈勵志 Self-help book 到育兒小百科,應有盡有。

近年不少家長對國際文憑(IB)課程趨之若鶩,這並非無緣無故。IB 課程着重培養學生的好奇心和探索精神,鼓勵主動思考,建立國際視野。學習過程要求學生具備成長思維、解難能力、時間管理等技巧。這些特點能夠裝備學生與世界接軌,在全球化社會下更能找到自己的定位,發展所長。

然而,這些能力和精神不一定要就讀 IB 課程才能培養到,家長作為孩子最強而有力的支援,在育兒過程中透過與孩子互動,亦可逐步建立起來。《在家學 IB:心理學家助你在家培養孩子十大 IB 能力》的十個章節涵蓋培養正面性格、積極學習態度、反思精神等多方面貼士,是多位專業輔導心理學家的睿智及經驗結晶,洋洋萬字,字字珠璣。

我期望透過本書,各位父母和師長都能更了解如何利用心理學理論去培養下一代,成為更有競爭力、更積極、更有國際視野的黃金一代。普及心理任重道遠,我很高興目睹此書誕生,在此衷心感謝一眾有心有力的輔導心理學家貢獻無價的知識和經驗。

推薦序 4

徐佩宏博士
香港心理學會會長

　　《在家學 IB：心理學家助你在家培養孩子十大 IB 能力》是由多位在本港執業的輔導心理學家，分享他們從事兒童成長和心智發展的實務經驗和研究成果。應用心理學必須有科學根據、嚴謹的實證基礎、專業的認受性。本書有別於同類書籍之處，在於有真正的「心理專家」元素。因為本書每一章的作者都是香港心理學會的輔導心理學家，他們均有認可的心理學本科學位，即擁有頗全面的心理科學基楚知識、修畢認可大學研究院的輔導心理學碩士或博士學位，修業過程中接受嚴謹的專業訓練、督導和考核。他們就業後加入香港心理學會輔導心理學部參與專業進修、與同業交流、遵從專業守則、並願意接受業界的紀律監察。他們的專業資格和精神是給大眾的信心保證。

　　本書的每一句話都必定「有根有據」。每一個評論都反映作者對人的認識、尊重和關懷。而輔導心理學家尤其擅長應用正向心理學的知識去發掘、拓展兒童及青年人的潛能，輔助他們應對成長的各種挑戰。

　　本人誠意推薦這本書給家長、教師、社工和心理學家同業等，希望藉此能增潤我們在輔助兒童的知識和技巧、促進專業交流、替我們的年輕生命締造更美好的成長環境。

目 錄

第 1 章

IB特質：積極探索
Inquirers

學習者需要培養好奇心，發展探究和研究的技能，知道如何獨立地學習，也能與他人合作，一同學習，終身保持對學習的熱情和愛好。

「我沒有失敗 5,000 次，而是成功了 5,000 次，我的成功證明了哪些方法是行不通的。」

——美國發明家　愛迪生

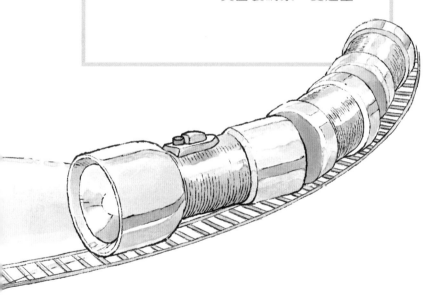

了解孩子成長需要，
奠定自主學習的基礎

普遍現象：
孩子由嬰兒時期開始探索世界

好奇心是本性的一部分。相信不少家長在孩子還處於嬰幼兒期時，就見過他們積極探索。他們會爬來爬去，不斷觸碰、敲打、投擲、堆砌物件，並放入口中，樂此不疲。他們以自己的方式，認識周圍的世界。再長大一些時，就算還不能言語，他們也會伸出小手指，一邊對着環境指來指去，一邊「咿咿呀呀」的叫，尋求照顧者的回應。到了 3 至 6 歲，會像小小科學家，根據他們對於世界的觀察和認知，問很多「為什麼？」。他們對於身邊的事物充滿好奇心，樂於嘗試不同事物、和朋友一起設計新遊戲，或者以新的方法玩舊有的遊戲。他們對於自己和世界會慢慢建立一種能力感，也慢慢經驗到自己喜歡什麼。這些發展都為 6 至 12 歲孩子在小學階段勤奮自主地學習，奠下重要的基石。

　　然而，我們也會看到一些孩子在面對新事物時退縮。就算是他們能力範圍內的，也可能會表達自己不會、很笨、做得不好，甚至打自己。到了小學階段，他們更是缺乏學習的興趣和動力。還有一些孩子，問他們周末會做什麼，他們可以說出一堆活動，但再問他們喜歡嗎？有的會說「不知道」，有的會說「無所謂，爸媽安排就可以了」。等到他們上了中學或大學，可能對自己的人生感到茫然，因為他們很少有為自己做決定和負責任的經驗，也不清楚自己到底喜歡什麼。面對選修什麼科目、做什麼工作，都會出現選擇困難的情況。

　　說到這裏，我要指出的是學習的定義並不限於學術性的學習和興趣班。孩子每天都在學習，由嬰兒時期喝奶開始，到控制雙手、擺弄玩具、探索手指腳趾、轉身、坐立、爬行、行走、如廁、說話、穿衣服、整理玩具、拿小剪刀，到上學、和朋友相處、跟隨規則等，哪一項不是在學習？小時候的學習經驗，會影響他們上學後的自主學習經驗。自主學習不只是關於孩子做什麼或覺得自己有沒有能力做什麼，更是關於孩子認不認知到自己喜歡什麼。自主學習的背後牽涉多種心理運作，本節會向家長介紹孩子健康成長的發展需要，從而明白如何幫助孩子奠下自主學習的基礎，培養他們的好奇心和學習興趣。

培養技巧背後的理證

家長可以從心理學家 Erikson（1980）提出的「心理社會發展理論」（Psychosocial Development Theory）得到些啟發。根據這套理論，心理發展是一個連續、漸進的發展過程。他將人生分成 8 個發展階段，每一個階段都需要面對和處理一種新的「發展危機」。如果能夠成功面對並解決這些危機，生命得到成長，便能夠建立該階段所對應的心理效能，有利於一生的發展。以下是 0 至 12 歲，前 4 個發展階段的重點。

階段	發展危機	效能
嬰兒期 （0-18 個月）	信任 VS 不信任 （trust vs mistrust）	希望 （hope）
幼兒期 （18 個月 -3 歲）	自主 VS 羞愧及懷疑 （autonomy vs shame & doubt）	意志 （will）
學前期 （3-6 歲）	自發 VS 罪惡感 （initiative vs guilt）	目標感 （purpose）
童年期 （6-12 歲）	勤奮 VS 自卑 （industry vs inferiority）	能力感 （competence）

1 嬰兒期（0-18 個月）：信任 VS 不信任

嬰兒沒有自己存活的能力，照顧者是他們依靠的全世界。因

此，這個時期的重點在於嬰兒能否發展出對照顧者及其所代表的世界的信任。當他們的非言語需要得到穩定、可預計的回應，會逐漸發展出一種對於自己有能力讓事情發生的信心。因此，成功過渡這個階段的孩子，會發展出希望。相反，如果他們不能夠適時及適切地引起照顧者的關注和回應，可能會不信任這個世界，感到危險和焦慮，最終慢慢失去能量、信心和興趣去探索這個世界和嘗試新事物。

② 幼兒期（18 個月 -3 歲）：自主 VS 羞愧及懷疑

比起嬰兒，幼兒不需要完全依靠照顧者。他們開始掌控排泄，也有不少技能，例如穿衣服鞋襪、整理玩具等。他們也喜歡表達自己的獨立意願，向父母說不。因此，這個階段的重點是發展出可以控制身體的自主能力感和獨立感。如果他們的自主得到適當的鼓勵和支持，便會相信自己的生存能力，並能夠自在地探索周圍環境。成功過渡這個階段的孩子，會發展出意志。相反，如果孩子受到過多的制約或批評，會對自主能力感到羞愧。他們會表現得欠缺自信，害怕嘗試新事物，對於身體的自主能力感到不足，因而較依賴別人。

③ 學前期（3-6 歲）：自發 VS 罪惡感

學前的孩子，可以將自主能力向外擴展，自發探索這個世界。他們會問問題、開始計畫和執行要做什麼，過程中難免會出錯。如果家長和老師能夠提供安全、具鼓勵性的環境，讓他們自行探

索，在錯誤和嘗試中完成挑戰、解決問題、自我修正，他們會發展出目標感和方向感。相反，如果孩子受到過多制約、批評或懲罰，他們會產生罪惡感。如果家長忽視孩子提出的問題，甚至感到厭煩和尷尬，孩子也會感到內疚。過多的內疚會制約孩子的主動性。

4 童年期（6-12歲）：勤奮 VS 自卑

升上小學後，孩子花更多時間在外面世界，他們有機會接觸和學習更廣泛的事物，也會發展出各種能力和興趣。如果孩子能夠勝任，便會做出更多嘗試，變得勤奮，發展出能力感。家長需要提供持續、有建設性的鼓勵和回應，幫助孩子專注於過程和進步，而不是只注重結果。相反，如果孩子受到過多批評，卻得不到有建設性的幫助和鼓勵，便會變得自卑，沒法表現自己。

培養良方

方法 1 允許孩子培養安撫自己的能力

對於嬰兒期的孩子，家長盡了最大心力便可以。雖然有時很難即時解讀或回應孩子所有狀況，但孩子是可以承受適量挫敗感的，而幾個月大的嬰兒也可以有安撫自己的能力。例如：有些家長可能害怕孩子養成吃手指的壞習慣，或會對毛公仔或毛毯敏感，但其實不用過度擔心的。當孩子可以靠吸吮手指或抱着毛公仔入睡，這說明了他們在發展自己的能力和獨立性。毛公仔可以成為

一種過渡性物件（transitional object），陪伴孩子成長，提供情緒支援。在探索新事物和環境時，過渡性物件可以令孩子壯膽，感到安全；跌倒時，讓毛公仔親親自己，便可以站起來，繼續前進；或父母暫時不在身邊時，也有所適從。

方法 2 讓孩子多動手，建立身體的自主能力感

　　孩子在幼兒和學前階時段需要多動手，身體力行發現自己的能力和認識世界，而不是透過過多的學術活動。幼兒期的孩子，能否成功學習如廁、進食、穿衣服鞋襪、整理玩具、表達及控制自己身體等，是非常重要的。家長可以提供一個包容犯錯的鼓勵性環境，讓孩子盡量嘗試自己能力的上限，不要覺得孩子動作慢，做得不好，就剝奪了他們的學習機會。否則，他們會漸漸變得被動、依賴，認為自己做得不好。家長要「忍手、忍口、忍心」，等到孩子成功或尋求幫助為止。當孩子失敗或有意外時，不要批評他們，而是根據他們的能力，給予適當的機會，拿捏恰當。太簡單的任務難以令孩子提起興趣和好奇心，太難的又令他們感到挫敗。以學習「扣鈕」為例，可以先嘗試一些又大又厚的鈕扣，再到小而薄的鈕扣。有些孩子覺得解開鈕扣很困難，家長可以先解一半，讓孩子完成餘下另一半。在孩子掌握了以後，可以挑戰不同形狀和厚度的鈕扣，還可學習解開或拉上衣服的夾鍊。這個過程不僅有趣，孩子還能慢慢建立能力感。

　　我認識一位小學老師，她有一次分享說，她已經長大了的女兒自小就認為自己有「一雙有智慧的雙手」，可以學習任何東西，不論是製作手工、去圖書館找資料、做功課，她對於自己的雙手充滿信心。就算在中學時由一所非主流學校轉去主流學校，她也

相信只要花一些時間，就可以憑她的雙手，適應新的環境和學習方式。這份信心，令孩子可以在不同的環境裏發揮自己。

方法 3 支持孩子的興趣，建立目標感

如果孩子的自發舉動得到家長的支持、鼓勵和信任，會令孩子信賴及落實自己的想法，成為有方向和目標的人。我認識一位大學教授，曾經在課堂上分享他和兒子生活的點滴。他說，他的工作很簡單，就是陪伴兒子發展興趣。他的兒子自小就對飛機感興趣，從玩模型飛機開始，到周末去南生圍放飛機、去鴨寮街尋寶買零件和電子配件、自組各種模型飛機，經歷一次次的挑戰、困難（飛機墜毀、飛不起等），再調整、研究，得以成功。過程中，這位教授一直陪伴、支持和鼓勵兒子。他的兒子如今做什麼工作呢？他自然而然成為了一名機械工程師。

家長要處理的矛盾點可能是，既想孩子發展興趣，多才多藝，卻怕他們過分投入，荒廢學業。其實，孩子經過幼稚園和小學的階段，很大機會找到自己的興趣。找到後，他們自然會產生慾望，想深入了解和參與。如果孩子在成長的過程中，透過不斷努力、調整而取得進步和成功，不僅培養出勤奮的特質，也在積極和自己的興趣建立關係，成為有方向感的人。到他們長大時，能夠將這份勤奮延伸到學術，甚至是日後的職業層面上。相反，如果孩子長時間被父母安排所有活動，生活便會變得被動，連明天做什麼、自己想做什麼也不知道，這樣又何來自主學習呢？

方法 4 給予持續、有建設性的鼓勵，建立能力感

　　每個階段的孩子都需要家長給予持續、有建設性的鼓勵。上了小學的孩子，面對各種新挑戰，更需要支持，特別是那些缺乏動力、被動和感到自卑的孩子。過程是重點，家長要讓孩子看見自己的進步和做得好的地方，並在他們失敗時，給予情緒支援。上星期不會做的算術，這星期學會了；上學期可以看 30 頁的英文書，這個學期可以看 50 頁了；默書分數不高，但是字體整潔；就算傳統的數理和語文不是強項，但孩子在其他方面展現出優勢。家長切勿將孩子的價值等同他們的學業成績。

家長有什麼要 特別留意 ？

　　家長要掌握一些微妙的平衡。鼓勵孩子自主、自發、勤奮學習，同時要避免讓他們經歷過多的失敗。在經歷挫折時，鼓勵他們心懷希望，繼續嘗試，並在適當時為孩子提供幫助。家長可鼓勵孩子自由發揮，但不會變得放縱、漠視社會規範。

　　總括來說，與其說是「培養」，不如說是「如何不要妨礙孩子的自然發展」。家長提供了適合孩子成長的環境，減少成長的阻力，孩子自然能夠有所發揮，如同一粒種子，只要有合適的環境，就會按時發芽結果。

参考資料

● Erikson, E.H. (1980) . *Identity and Life Cycle*. New York: W.W. Norton & Company, Inc.

1.2

面對孩子的一連串提問，透過有技巧的回應引導他們探索

普遍現象：
孩子天南地北提問一通，不免令家長啞口無言

在以往的學校工作經驗裏，曾有一位家長表示他每天都要面對同一個疑難，就是他的孩子常常發出很多深奧的提問，例如：為什麼人類要生存？為什麼人類要工作？為什麼小朋友要遵守家長和老師訂下的規則。當時家長不知道如何回應孩子的疑問，反思 4 歲的孩子是否需要知道這些成年人才能理解的事情呢？相信有不少家長也有類似的經驗，那麼可以怎麼回應孩子呢？

當孩子喜愛問個不停時，小部分家長可能會回應：「你長大後就會知道了！」、「我也不知道。」、「現在不適合問問題，你安靜一點！」當然，亦有大部分家長很樂意回答孩子的問題，但他們可能會發現，縱使回答過後，仍然會有更多更深奧

和更仔細的問題等候着他們，當中可能是有關天文、地理、宗教，甚至是哲學的問題。身為家長，有時候真的被問到啞口無言。這種好奇心其實是孩子獨有的天性，當長大為成年人後，礙於面子、時間不容許、認為問題與日常生活沒有直接關係等原因，對外界的求知慾漸漸被磨滅，也少了主動向他人發問。

這種改變對於成年人看似沒有太大影響，但如果要幫助孩子建立自主學習，則會為家長帶來極大阻礙。好奇心是積極探索的其中一個動機，要鼓勵孩子開始自主學習，家長必須接納孩子的好奇心，從孩子的角度看待這個充滿謎團的世界。

培養技巧背後的理證

關於主動和被動學習的行為，著名心理學家 Edward Deci 與 Richard Ryan（1985）提出了「自我決定理論」（Self-Determination Theory），對於為孩子建立學習動機有重要提醒。在傳統教育體制內，老師和家長都習慣利用獎勵來建立一些期望的行為，利用懲罰來減少錯誤的行為。這種獎罰管教機制一開始都非常湊效，但在長期不變的獎罰機制下，家長可能也察覺到只要沒有人監督孩子，便不會出現家長期望的行為了。這種來自外

界給予的制度，Deci 與 Ryan 稱為「外在動機」。為了得到外界的獎勵和避免受到懲罰，孩子會跟隨外界所設計的準則和界線。當中外界是成就這些期望行為背後的推動者，而非孩子本人，這就解釋了為什麼家長不能透過獎罰方式，引發孩子自主學習。Deci 與 Ryan 指出如果要建立自主學習，家長先要引發孩子內在動機，讓孩子成為學習的真正主導者，在學習過程中獲得內在滿足，享受學習旅程中所發掘的意義和自我價值。

心理學家 Zimmerman（1990）強調自主學習有 4 項重要的原則：

- 孩子可以決定學習目標

- 孩子可以選擇學習主題和方法

- 孩子能夠自行監督及調整學習過程

- 孩子能夠通過自我反思來評估學習結果

在整個學習過程中，家長和老師的角色相對被動，而孩子是掌控者。

在一些鼓勵自主學習的學校裏，不難發現他們的學生在學術思考上都有自己的見解，在沒有框架之下，他們可以選擇要研究的主題、引證的方法和過程。這種着重高階的自主學習過程，越來越受家長認同和推崇。要讓孩子達致這種自主學習的習慣，家長需要運用什麼技巧來引導孩子自行作出下一步探索，而家庭環境又需要怎樣配合呢？

方法 1 ▶ 鼓勵孩子成為學習主導者

　　曾有一位家長分享，就讀一年級的兒子開始要做科學專題報告，而老師讓孩子自行選擇主題，家長頓時感到毫無方向。在這位家長過往的學習經驗中，初小學生從來都是等候老師給予學習範圍和框架，讓他可以在有正確答案和方向下進行學習。經過了解後，我詢問家長：「你兒子平日喜歡追問你什麼？」他立即想到兒子對於運動非常感興趣，平日喜愛觀看與運動相關的比賽和新聞報導，也常常想了解世界頂尖運動員的訓練過程。當中，兒子重複問的其中一條問題是：「這個運動員的肌肉是怎樣長出來的？」當時他沒有詳細回答兒子，只簡單說必須吃健康的食物和每天做運動。兒子聽後便問了一連串問題：到底是吃了什麼、吃多少、什麼時候吃？做什麼類型的運動？是不是做幾次就會長出肌肉？面對兒子連珠炮發的問題，好像怎樣回答都滿足不了兒子的好奇心，這位家長再也招架不住了的。

　　我建議家長可以嘗試這樣回應孩子：「我留意到你一連問了幾個有關肌肉的問題，我猜你在這方面很感興趣。你想知道關於肌肉哪方面的資料呢？」家長可以反映他注意到孩子對哪些主題充滿好奇心，然後鼓勵孩子決定嘗試探索和學習的主題。如果孩子因年紀或能力未逮，未能回答，家長可以收窄問題方向，例如問孩子是不是想知道肌肉是透過進食還是運動產生的。

鼓勵孩子說出學習該主題背後的目的和意義，引發內在動機

　　要鼓勵自主學習，家長不需要急於即時回應正確答案，反而要讓孩子了解為什麼他們要學習這些主題，這和他們有什麼關連。在上述個案中，透過家長的轉述，我感受到孩子似乎很想探究肌肉是怎樣形成，便追問家長：「你有了解過他想探索這個主題的原因嗎？」家長搖搖頭說：「我猜他大概想成為運動員？不過還是先專注學業吧！」我解釋給家長知道，發掘孩子感到好奇的主題和背後的意義，目的不是幫助他在小一年時便找到終身職業，而是協助和陪伴他在學習過程中，能夠持續探索，並發掘自我價值。家長可以進一步提問孩子：「這背後有什麼原因令你很想知道答案嗎？」

　　關注和肯定孩子的好奇心，是打開他們積極探索的要素，而反問原因是希望透過開放式的提問讓孩子有思考的機會。「到底是什麼原因推動你持續尋找答案呢？我們可以慢慢思考一下。」這就是引發孩子思考內在動機的提問。給予孩子沉澱下來的時間、空間和思考過程，他們可能會給予家長一個意想不到的答案。在這個個案中，家長按建議回去詢問孩子，得出的答案是──孩子認為肌肉就像一種幫助運動員工作的工具，除了令他們在比賽時獲取佳績外，更令他們充滿自信；而孩子也希望自己長得高高大大，所以想了解獲得肌肉的過程和因素，由此反映孩子想成為一個強壯、自信、有能力和力量的人。

　　為了協助孩子在自主學習過程中，建立內在動機和自我價值觀，家長可以這樣回應：「你剛才說的很重要！你想成一個 ＿＿＿＿＿＿＿＿的人」，留白的位置則讓孩子思考和填空。如果過

了一會兒後，孩子也找不到合適的描述，家長不妨這樣說，以協助他：「你剛才說的很重要！不知道我猜得是否準確，你很想成為一個強壯、自信的人，對嗎？」如此幫助孩子在學習過程中更認識自己，發掘和塑造他重視的個人特質。如果在孩子的成長經歷中，從來都沒有人反饋這些獨特而珍貴的個人特質，孩子可能會認為這些都是不值一提的尋常表現。

法 3 在家庭環境中準備硬件配合，並善用科技

家長被孩子問到詞窮時，不妨利用這個機會回應孩子：「我現在也沒法完全解答你的疑問，如果你很想知道答案，你認為還可以用什麼方法得知呢？」容許孩子思考尋找答案的方法和過程，例如：孩子會想在圖書館尋找相關主題的書籍、到學校問老師、訪問家庭成員、通過實驗驗證、收集問卷做統計、收看新聞報導或紀錄片、到博物館參觀以及在網絡查找資料等各式方法。家長還可以陪伴孩子一同經歷尋找答案的過程。

當孩子需要使用各種科技尋找資料時，家長可以示範、給予技術輔助支援，例如：協助孩子打字、示範語音輸入搜索、將兒童百科全書等網站移到書籤位置存放，方便孩子使用它們搜尋資料。如果孩子年齡尚幼，未能自行閱讀網上資料或圖書時，建議家長購買一些互動圖書，例如有點讀功能的書籍，以便年幼的孩子透過語音聆聽的學習方法，吸收感興趣的資訊，有助自主學習。

法 4 讓孩子進行反思，具主導性地修正探索方法、過程和內容

在學習過程當中，孩子總會遇上方向錯了，或者答案不是家

長期望的時候。例如，有家長反映當孩子發現在專題報告中，有幾位同學都揀選了相似的主題，孩子覺得自己的專題不再特別。這時，家長可以幫助孩子留意到他的自我價值觀：「你想表現自己的獨特性，做出來的東西是與別不同的。你有沒有想到用什麼方法，令你主題的角度和其他同學不一樣？」正正因為孩子在過程中願意表達自己的想法，促使家長可以把握機會，反映孩子的反思過程，讓他思考和決定下一步是否需要修正。

家長有什麼要 特別留意 ？

在意識形態上，家長需要轉換心態，由以往做主導和做決定的身分，逐漸習慣退下來，成為輔助、陪伴和觀察的角色。家長需接納和容讓孩子好奇心爆發的時期，並給予他們滿足求知慾的學習機會，讓他們擁有自主權去選擇學習的主題內容，鼓勵他們用自己思考到的方式探索，還要讓他們有足夠的空間進行反思和修正探索方向，這些都是鼓勵孩子積極探索和自主學習的元素。

孩子在學習過程中獲得選擇權和主導權，覺察到自己有能力決定提出哪些問題和怎樣找出答案，自主學習就會自然產生。另外，自主學習是一個終身的技能和過程，而學習中出現失誤是必經的歷程。當孩子在過程中遇上難題，家長不要立刻阻止問題和錯誤發生，反而是觀察孩子怎樣解決這些問題。家長要按捺得住自己很想幫忙的心態，讓孩子感受到原來爸媽願意接納和願意陪伴自己一同面對失敗和予以修正。家長也要信任孩子能夠思考到可行的解決方案，創出對他們有意義的學習經歷。

參考資料

- Deci, E. L., & Ryan, R. M. (1985) . *Intrinsic motivation and self-determination in human behavior*. Springer Science & Business Media.
- Zimmerman, B. J. (1990) . *Self-regulated learning and academic achievement: An overview*. Educational Psychology, 25 (1) , 3-17.

第2章

IB特質：學識豐富
Knowledgable

學習者需要發展並運用概念理解、探索各種學科的知識，並關注具有本地和全球意義的問題和思想。

「在真理和知識方面，任何以權威者自居的人，必將在上帝的戲笑中垮台！」

——物理學家　愛因斯坦

2.1

循序漸進地提升孩子的閱讀興趣

普遍現象：
孩子喜歡買書，但其實看不懂故事內容

有幸聽過小學生珍貴的分享，他們說閱讀時，自己好像成為了故事主角一樣，有的參加無數探險旅行，有的創造千奇百趣的地方，有的與其他角色進行對話。閱讀涉及孩子的想像力、理解力、適應力，賦予他們更多生活經驗，同時也幫助他們了解自己，意識到內在的勇氣。不少家長知道培養孩子閱讀習慣很重要，在家庭日會帶孩子逛逛書店，讓他們閱讀圖書，挑選喜歡的書籍。

例子：

丁丁是一個 5 歲的男孩，每次他在書店買了書，興高采烈地拿着新書回到家後，花了不用 3 分鐘便已經把書本「閱讀」完。有次他選了醜小鴨的故事書，媽媽問他有關醜小鴨遇到什麼事時，丁丁只指出小鴨變了天鵝，卻未能講述醜小鴨的經歷以及他對故事的感受，之後也沒有再拿起這本書看。下次丁丁

經過書店時，又會興奮地揀選另一本書，回到家又出現同樣情況，這令丁丁媽媽感到苦惱。如何才能了解兒子對閱讀有多大程度的興趣，阻止他買新書回家、翻看一會兒便作罷，但同時不會扼殺他對閱讀的興趣呢？

培養孩子閱讀習慣，其實是賦予孩子能享受生活的一種方式。讓孩子從小透過閱讀吸收知識，享受到閱讀帶來的正面體驗，對培養「學識豐富」的 IB 特質事半功倍，為孩子一生的學習發展帶來巨大影響。

培養技巧背後的理證

閱讀是一個不斷累積及整理見解的過程。美國心理學家 Kintsch（1998）提出的「建構統整模式」（construction-integration model），提倡閱讀理解過程是孩子心理表徵（mental representation）不斷地被建構與統整的循環歷程，而心理表徵是指透過組織抽象概念而形成的實在認知。藉着循環交錯進行的建構與統整過程，會形成三個層次。

① 第一層：微觀結構（microstructure）

　　微觀結構是讀者根據文本各個細節，產生相應見解的過程。簡單來說，就是孩子由句子中抽取意義，產生見解，對文本形成了初步理解。

② 第二層：宏觀結構（macrostructure）

　　宏觀結構是文本的重要概念或主旨，指讀者閱讀完文本後，整合文本的所有微觀結構，對文本內容產生了整體性的理解。

③ 第三層：情境模型（situation models）

　　情境模型是讀者的原有知識與閱讀內容作雙向互動的過程。雙向互動的意思是閱讀內容會為讀者的原有知識帶來衝擊，而讀者亦會把原有知識與文本內容融匯，然後作出個人化的見解。由於孩子的原有知識與經驗不同，因此由閱讀而建構的情境模型也有差異。

> 　　上述過程說明了每位孩子在閱讀時，對內容理解都有固定的層次步驟，以及孩子對每個故事或文本所帶出的主旨，都會因過往的人生經驗而有獨特的見解和體會。

法 1 先看撮要，建構初步理解，提升投入感

在丁丁的情況，他被醜小鴨故事書的封面吸引，卻對內容無從入手，便迅速把書「閱讀」完。這個情況經常發生在年幼的孩子身上。其實家長看到孩子對某些書本感興趣時，可以引導他說出在封面上看到什麼令他感興趣，繼而翻開目錄或撮要，讓孩子對內容有初步概念，可以預測將會讀到的內容。

以丁丁的個案為例，媽媽可以說：「我們看到封面上有一隻灰色的小鴨子，而書名叫《醜小鴨》，你覺得他被稱為醜小鴨會有什麼感受？」丁丁可能會答「傷心或不開心」。媽媽就問：「有可能啊。那你覺得醜小鴨會遇到什麼困難呢？」這時丁丁的回應就是他對故事情節的預測，而媽媽可鼓勵丁丁在書中找尋真相。

透過閱前引導，不僅有助孩子推理內容，提升閱讀速度，也能讓他們在書中認真尋找預測的內容橋段。

藉着有趣的共讀方式，提升孩子獨立閱讀的能力

丁丁其實已對醜小鴨故事感興趣，媽媽就適宜配以共讀技巧與他一起閱讀。媽媽可以善用「欲擒故縱、見好就收」的概念，在書本的重要關頭要懂得停止下來「賣關子」，增加丁丁閱讀下去的慾望，讓他迫不及待要捧起書閱讀。

此外，家長還可以按孩子的能力及興趣，讓他角色扮演參與閱讀，例如：讓丁丁扮演醜小鴨及鴨媽媽，媽媽則扮演其他小鴨，令孩子得到平時沒有的體驗。媽媽更可以故意出錯，訓練孩子的專注力，待丁丁讀出正確的句子，便加以讚賞，增強他的自信心。

幫助孩子了解細節，對主旨作整體性的理解

家長可根據孩子的能力，與孩子作「對話式閱讀」，當中包括：積極聆聽、提問和提示他們，提升他們對故事主題和細節的理解。

年齡	「對話式閱讀」要點	對話示範 （以《醜小鴨》為例）
寶寶至 3 歲	這階段的孩子，專注力維持約 5 至 9 分鐘（Alstyne, 1932），大多未能閱讀文字，所以對書中的圖畫興趣更大，孩子只需辨認圖案及文字符號等故事細節便足夠。在這階段，讓孩子享受與爸媽一同拿起書的體驗最重要。	朗讀完「鴨媽媽正在孵蛋，不久後所有小鴨都誕生了」，家長可以停下來指出「鴨媽媽」的圖案，邀請孩子指出小鴨。當孩子指向小鴨時，家長可扮演小鴨的叫聲加以鼓勵，並指着「小鴨」二字，讓孩子明白該圖畫就是小鴨，而文字符號也是相同意思。

年齡	「對話式閱讀」要點	對話示範 （以《醜小鴨》為例）
3-5 歲幼兒	這階段的孩子，專注力維持約 10 至 15 分鐘（Alstyne, 1932），較能安坐聽故事，並開始熟習用說話表達自己，也認得出文字。家長可以請孩子講故事，講故事的過程讓他專注在每句句子，從而得出微觀及宏觀結構的理解。家長可適時提供資料和提示孩子，使他更了解細節，再加上提問，以達致進行簡單的情境模型。	• 家長可以問：「丁丁你說話的方式很生動，這次可以由你講故事嗎？」在丁丁說故事時，媽媽可表現出積極聆聽的態度以作鼓勵，例如：點頭、作出配合故事情節的表情、身體向前傾或與孩子並列。 • 家長可以問：「你覺得醜小鴨被兄弟姊妹取笑有什麼感受？」（微觀結構），故事後段亦可問：「所以你覺得以貌取人的待人方式合適嗎？」（宏觀結構）。故事完結後，可以延伸討論：「你會如何安慰被人取笑的朋友呢？」（情境模型），讓孩子把故事內容與情緒經驗連上關係。
初小孩子	這階段的孩子，高度專注力維持約 20 分鐘（Alstyne, 1932），他們較能獨立地理解細節，所以家長適宜強調主題，進行情境模型，了解他從故事得出的見解。	家長可提出引導問題：「你最喜歡和不喜歡故事中哪些部分？為什麼？」最重要的是家長尊重孩子的見解，鼓勵他願意在閱讀後分享交流想法，幫助家長了解他在這階段的心理狀態。

方法 4 **將孩子已有知識與新知識建立連結**

美國心理學家 Ausubel（1963）研究出的先備知識組織方法

（advance organizer），強調概念的組織性和關聯性對學習的重要。媽媽可以透過醜小鴨的故事，與丁丁一起製作有關動物分類的概念圖，整合丁丁對動物的知識。概念圖將不同類型的動物分類和組織在一起，例如：圖的頂部可以是「動物」的概念，然後分支出不同類型，如哺乳動物、鳥類、爬蟲類等。在「鳥類」分支下，可以再添加更具體的子類別，如天鵝、鴨、雞等。然後，大家可一起討論牠們的共同特徵和區別，包括：各種鳥類都有不同的顏色、外形和習性，但同樣是孵化出來的。

媽媽可以與丁丁一起觀察概念圖，引入新的動物，引導他討論不同類型的動物，並將牠們歸類到相應的分支中。這種學習過程可以幫助孩子將新的知識與已有的知識相結合並累積起來，更好地理解和記憶。

方法 5 把故事內容與生活體驗連繫，進一步整理已有知識，得出新見解

另一個把新知識與已有知識進行互動的方法，是鼓勵丁丁用圖畫和文字創作故事，有助培養孩子閱讀興趣。雖然丁丁已經開始懂得運用文字，但如果直接問他有什麼閱讀心得，可會掃了孩子閱讀的興趣，這就像要求孩子理性地解釋為什麼喜歡閱讀，對他們而言既困難又沒趣。然而，如果能把生活經驗與故事連結的話，對孩子來說就會變成分享日常生活的趣味。例如：設計禮物送給為外表感到傷心的醜小鴨，為他打氣；閱讀推理故事後，撰寫偵探日記；閱讀幻想世界的探險故事後，設計神奇法寶。不論哪種類型的圖書，孩子閱讀後都可以作上述的延伸活動，既能發揮創意，又能分享閱讀成果。

家長有什麼要 特別留意 ？

學識豐富

閱讀時獲得的滿足感和平穩寧靜的心，是孩子可體驗的一大享受，他們終歸會感受到閱讀的好處。身教示範的家長絕對是孩子培養閱讀興趣之路上的重要角色，在培養孩子閱讀興趣前，家長先秉承自然的信念，有信心地向孩子推介這個一生受用的興趣。家長在閒時閱讀，可以給孩子分享觀點，輕鬆問問他們的看法，讓他們在自在的情況下表達想法，知道答案沒有對與錯，思考才是最重要，更體會到分享的快樂。

謹記，閱讀是需要一生學習的技能，而持之以恆、慢慢進步，有助這技能平穩而長遠地發展，家長不要急着看孩子的閱讀成果。只要家長提供到一個環境，讓孩子「不怕做錯」，他便能「放膽閱讀」，也「不怕寫作」，繼而「想寫作」，也「能寫作」，最後達致「寫得到」的程度。

參考資料

- Alystyne, V., D. (1932). *Play Bahaviour and choice of Play Materials of Preschool Children.* Chicago : University of Chicago Press.
- Kintsch, W., (1998). Comprehension: *A paradigm for cognition*. Cambridge University Press.
- Ausubel, D.(1963). *The Psychology of Meaningful Verbal Learning*. Grune & Stratton, New York.

第3章

IB特質：勤於思考
Thinkers

學習者需運用批判性和創造性思維技能，對複雜問題進行分析，採取負責任的行動，並在作出理性、合乎道德的決策時，展現主動性。

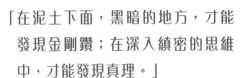

「在泥土下面，黑暗的地方，才能
　發現金剛鑽；在深入縝密的思維
　中，才能發現真理。」

　　　　　　　　——作家　雨果

3.1

培養孩子「設計思考力」， 建立解難能力

普遍現象：
孩子面對生活中的挑戰，表現得無助、缺乏自信

　　日常生活中，我們經常會遭遇各種大小問題，而孩子也不例外。無論是家裏的水龍頭漏水，還是校園的社交狀況，都會讓他們感到困惑。隨着孩子成長，由家庭中的「小溫室」走進幼稚園或中小學的「小社會」，面臨的挑戰也日益增加。這些挑戰不僅包括與同儕相處，還有如何處理負面情緒、解決衝突等問題（Dockett 等，2014）。

　　孩子在面對困難或挑戰時經常感到無助，缺乏自信，選擇逃避問題。他們可能會依賴家長或其他成年人的幫助，缺乏自主解決問題的能力，這不僅影響了孩子的個人成長，還可能影響他們未來的職業發展和生活適應能力。

　　近年，香港家庭結構的改變也為這一現象埋下了伏筆。以小家庭為主的現代家庭中，孩子往往成為家長的寵兒。為了表達對孩子的愛，家長會無微不至地為他計劃一切，使孩子缺乏主動解決問題的機會。

　　這種「港孩」現象已成為社會的普遍問題，許多家長對此感到無助。在臨牀輔導和研究中，我們也觀察到這些孩子常常表現出被動和缺乏自信的態度，對自己要負上什麼責任感到模糊，還經常使用「我不會」、「這個好難」、「我不要」等口頭禪來逃避解決問題。

　　幸好，解難能力是可以培養的，而且親子關係在影響這種能力方面，起了至關重要的作用（香港基督教女青年會，2018）。

　　解難能力是現今孩子必須具備的重要能力之一，它不僅可以幫助孩子更好地應對日常生活中的挑戰，還可以培養他們的自信心和獨立性。因此，家長需要採取積極的措施來幫助孩子培養勤於思考、勇於解難的能力，為他們未來的成功奠定基礎。

培養技巧背後的理證

① 解決問題能力對兒童成長的重要性

　　培養孩子解決問題的能力對他們的全面成長和發展舉足輕重。研究表明，能夠有效解決問題並克服困難的孩子有較大機會取得成功，並在面對挑戰時表現得更為出色（Brooks, 2013）。面臨挑戰時，有些孩子會表現出更多的自信、自主和能力，但有些孩子則會展現出一些偏差行為和負面情緒，例如情緒爆發、自信心低落、社交困難等。因此，培養孩子的解難能力，引導他們獨立思考，對於他們的成長不可或缺。

② 「設計思考」——解決複雜問題的革新方法

　　設計思考（design thinking）是一套以創新思維解決複雜問題的方法，其核心理念是從使用者的需求出發，去設計產品、服務或體驗，透過不斷地觀察、想像、實踐和分享，以尋找創新且可行的解決方案（Brown，2008；親子天下編輯部等，2017）。這種方法強調以人為本，意味着要深入了解使用者的需求、期望和觀點，並通過快速實驗來測試想法，從中發現問題並進行修正。舉例來說，蘋果公司的產品設計就是一個成功案例，他們通過深入了解用戶需求和行為，設計出簡潔易用的 iPhone 和 iPad，從而改變了人們的生活方式。設計思考不僅在產品設計和商業領域中發揮作用，更可以應用在日常生活中，幫助我們更有效地解決各種問題。

3 「設計思考」的教育價值

設計思考被視為一種促進孩子全面發展的教育方法（羅靖姈，2021），幫助孩子由被動接受知識變成主動解決問題，能夠更好地活用所學知識及發展創新的解決方式。而設計思考的過程本身也是一種自主學習（Koh 等，2015），能夠幫助孩子按着既定步驟循序漸進，培養解決問題的能力和自信心。

4 「設計思考」在教育中的應用

近年，越來越多學校和教育機構開始將設計思考實踐到教育當中，以培養孩子的創造力、解決問題的能力和團隊合作精神。透過引導孩子在主動解決各種問題的過程中學習，他們可以從小就開始培養創新思維，並且樂於面對各種挑戰和困難（李佳蓉，2021）。因此，設計思考不僅是一種創新的解難方法，也是一種促進孩子全面發展的教育理念及策略。

這種現代教育的新趨勢，不僅為孩子提供了一種全新的思考方式和解決問題的方法，還可以培養他們的創造力和自信心，為未來的學習和生活奠定堅實的基礎（Henriksen 等，2017）。因此，不論是家長還是教育者，都應該積極地引導孩子學習設計思考，讓他們在成長過程中成為具有解難能力和創造力的人才。

方法 **「為改變而設計」教學：FIDS 四大步驟**

　　為了協助孩子培養設計思考的能力，家長可參考由印度河濱小學（Riverside School）創辦人 Kiran Bir Sethi 所推動的「為改變而設計」（Design for Change，簡稱 DFC）國際性創意思維運動中，促進孩子設計思考的 FIDS 四大步驟（親子天下編輯部等，2017），包括「感受」（feel）、「想像」（imagine）、「實踐」（do）及「分享」（share）。

FIDS 四大步驟

感受

用心感受，發現身邊的問題。

想像

想出解決或改善這個問題的創新獨特方法。

實踐

集合所需資源，並執行擬定的計劃。

分享

影響更多人支持自己，一起參與改變。

- **步驟 1：感受**

　　家長可以時常鼓勵孩子主動觀察、感受和發現圍繞生活的問題和需求，激發他們的好奇心和同理心。例如：當孩子在學校發現垃圾桶常常滿了，且沒有足夠垃圾袋，導致同學將垃圾隨意丟棄，影響環境衛生，這便是一個需要解決的問題。

- **步驟 2：想像**

　　接着，家長鼓勵孩子提出問題，想像各種可能的解決方案，例如問孩子：「你認為該如何解決這個問題呢？」孩子可能會想到增加垃圾袋或定期清理垃圾桶，這些都是不錯的想法。家長也可以和孩子一起玩遊戲，進行角色扮演，讓他們想像以不同的方式來解決問題，展現創意和想像力。過程中，家長需要給予孩子信心和支持，讓他相信自己有能力解決問題。

- **步驟 3：實踐**

　　除了發揮創意外，家長可提供合適的學習資源和環境，讓孩子將想法付諸實踐。例如：家長可以陪同孩子去學校，與老師或校方商討問題，說出他們的解決方案。孩子可以參與會議，提出建議，甚至一同落實解決方案，如幫忙更換垃圾袋或組織清理活動。家長還可以組織家庭活動，鼓勵孩子與他人合作處理問題，學習團隊精神和溝通技巧。

- **步驟 4：分享**

　　透過分享故事的方式，可以鼓勵孩子將他們創造改變的成果和心路歷程與他人分享，從中獲得正面回饋，激勵他們持續擴展行動的影響力。例如：當問題得到解決時，家長可以讓孩子與其他同學分享參與解決問題的過程，還可說出獲得成功的喜悅。這不僅可以激勵他們持續參與解決問題，還可以啟發其

他同學也加入解難行列。值得注意的是，分享的重點不在於解決問題的程度，而在於學到了什麼。當孩子表達出他們「變得勇敢」或「溝通能力變好」時，正代表他們在過程中得到了成長和收穫，意義非凡。

> 透過「為改變而設計」所提倡的 FIDS 四大步驟，孩子能夠培養出觀察力和責任感，學會關心身邊有需要的人。從引導孩子發揮創意和想像力開始，逐步學習如何構思設計，最終將設計思考的理念實踐在日常生活中。

家長有什麼要 特別留意

家長在培養孩子設計思考能力時，擔當至關重要的角色。為了有效地引導孩子，家長應該給予他們足夠的自主空間和機會去思考和解決問題，而不是代替他們處理問題。家長需要相信並支持孩子的創造力，讓他們擁有主導權，自主思考以化解問題。例如：家長可以鼓勵孩子針對家中日常問題提出解決方案，適時給予支持、鼓勵和引導，再讓他們實踐方案，從中學習和成長。

同時，家長可以鼓勵孩子從失敗中學習，並堅持不懈地嘗試，這有助孩子發展堅韌的心態，提升解難能力。當孩子嘗試解決問題但失敗時，家長可以安慰他們，並與他們一起找出不同解決方案。最重要的是，家長應該成為孩子的支持者和鼓勵者，讓他們相信自己的能力（「Yes, I Can！我做得到！」），並勇敢地迎接挑戰。這樣，他們才能夠在面對未來的挑戰時堅定前行，成為具有創新精神和解決問題能力的領袖。

- Brooks, R. B.(2013). The power of parenting. In Goldstein, S., Brooks, R.B. (eds) *Handbook of Resilience in Children*. Springer. https://doi.org/10.1007/0-306-48572-9_18
- Brown, T. (2008). Design Thinking. *Harvard Business Review*, 86, 84-92.
- Dockett, S., Petriwskyj, A., & Perry, B. (2014). Theorising transition: Shifts and tensions. In B. Perry, S. Dockett, & A. Petriwskyj (Eds.), *Transitions to school-international research, policy and practice* (pp. 1–18). Springer.
- Henriksen, D., Richardson, C., & Mehta, R. (2017). Design thinking: A creative approach to educational problems of practice. *Thinking skills and Creativity, 26*, 140-153. https://doi.org/10.1016/j.tsc.2017.10.001
- Koh, J. H. L., Chai, C. S., Wong, B., Hong, H. Y. (2015). Design Thinking and Children. *Design Thinking for Education: Conceptions and Applications In Teaching and Learning* (pp. 47–66). Springer. https://doi.org/10.1007/978-981-287-444-3_4
- 李佳蓉 (2021)。〈大學教師之設計思考能力與素養的培力機制〉。《臺灣教育評論月刊》，10 (5)，96-100。
- 香港基督教女青年會 (2018 年 4 月 29 日)。《女青發布兒童生活模式及社交解難能力調查 均衡全人發展有助提升兒童創意及人際技巧》。取自 https://www.ywca.org.hk/Press/女青發佈兒童生活模式及社交解難能力調查 - 均衡全人發展有助提升兒童創意及人際技巧
- 親子天下編輯部、台大創新設計學院、DFC 臺灣團隊 (2017)。《設計思考：從教育開始的破框思維》。親子天下。
- 羅靖羚 (2021)。〈設計思考在課程教學上的困境及解決策略〉。《臺灣教育評論月刊》，10 (12)，82-86。

3.2 從生活難題中培養思考慣性

普遍現象：
子女要適應越來越多變的世界

　　隨着人工智能社會的興起，令未來充滿變數，孩子要適應將來的社會，比起裝備寫編程的能力，培養心理素質更為重要。教育學者相信，未來的學習越來越強調需要 4C，即批判性思考（critical thinking）、創意思考（creative thinking）、溝通能力（communication skills）、互相協作（collaboration）。

　　然而艱難的是，就算家長認同孩子思考有法對學習來說非常重要，卻不知從何入手。回想從前的學習重視結果的品質，勤於背誦及操練試卷便可獲取好成績，然而現今的學習開始重視思考的品質，這不只是知識性的學習，而是看重轉化性的學習，更倚重透過經驗去啟發孩子的主動性，令他們勤於探尋問題、深入分析。這種方向，與家長年幼時的學習要領及基礎截然不同，確實考驗家長的教養功力。

培養技巧背後的理證

　　被譽為 20 世紀其中一位最具影響力的教育家 John Dewey，早於 1933 年就提倡兒童需要「動着」來體驗生活中的事情（learning by doing），從而培養思考慣性。Dewey 認為學習不應只重視知識的傳遞，而是從不同的學習經驗中讓孩子熟習思考，並培養正確的思考態度及方法。

　　另一位著名心理學家 Vygotsky 則非常強調環境對孩子認知發展的重要性，而家長的教養對孩子的思考影響深遠。Vygotsky 認為孩子是通過生活中的情景和文化影響，建立屬於自己的思維，而在此過程中，他們會透過與家長及其他成年人的日常互動，建構屬於自己的思考模式及生活知識，所以有意義的對話和互動，能啟動孩子思考。家長亦可提供不同「鷹架」（scaffolding）：在孩子無法獨立完成的生活難題中，給予合適的引導和提示，示範如何有系統地思考來解決問題，促進孩子發揮思考潛能。

　　在 2022 年的國際著名的學術期刊 *Thinking Skills and Creativity* 中，有學者強調在早期教育階段培養孩子批判思考及創意思考的重要性，並檢視近 5 至 6 年的學術研究，綜合出能啟導孩子「思考操作」的方法及策略。學者建議家長在日常生活中，教導孩子使用思考語言，並運用探究式提問來進行有系統的互動、對話、討論，以激活孩子的高階思維。

運用「思考工具箱」

　　「思考」這件事聽來非常抽象，要幼兒掌握有效思考，可說極具挑戰性。哈佛大學教育學院零點計劃研究中心（Project Zero）的研究專家，刊登了有效促進學習的「思考工具箱」——I see, I think, I wonder，為家長教導孩子思考操作設計出視覺化的策略，還提供了明確的框架及步驟。哈佛的教育專家鼓勵家長自孩子年幼時就啟導其運用思考，並有系統地配合生活情境與孩子一同實踐。兒童腦神經專家指出，3 至 6 歲是開發孩子腦部早期高階思維能力的黃金期。家長要把握機會，在與孩子交流時利用思考工具箱。

● **「我看到」（I see）**

　　思考力來自敏銳的觀察。若希望孩子勤於思考，家長可由訓練他們對日常事物的觀察開始。家長可鼓勵孩子用言語來描述他們觀察到的，那可以是實物、真人、圖片、影片或文章。「觀察」不限於孩子看見的，還包括其他感官，如聽覺、觸覺、味覺等，孩子可以用最多的細節和感官描述來表達觀察到的。觀察力強的孩子往往能發現常人容易忽略的細節，然後由日常生活中，思考到更多問題及提出不同的可能性。

● **「我想到」（I think）**

　　家長可幫助孩子說出觀察，並鼓勵孩子運用已有知識及生活經驗來解釋自己的想法。哈佛的教育專家建議，當孩子說出想法後，家長可利用提問引導孩子找出問題的核心及目標：「是什麼令你這樣說呢？」然後與孩子一起將這些想法記錄下來。

其實每個孩子都會用文字以外的不同方式，來表達自己對這個世界的想法，例如繪畫、拍攝、舞蹈律動、音樂、遊戲等。我曾遇過一名被診斷有讀寫障礙的 7 歲男孩，他看到年老的清潔工人在在公園裏掃樹葉後，來到輔導室二話不說就拿出畫紙畫過不停，並認真地跟我說：「我想製作一個吸樹葉機，能將公園地上的樹葉都吸走，讓婆婆不用那樣辛苦地彎着腰工作。」

● **「我想知道」（I wonder）**

在這個階段，通過家長從與孩子一同記錄下來的想法中提出猜測、假設或推斷，激發孩子的好奇心，教導他們透過書籍或網絡，甚至親身實驗來尋找答案。上文提及的 7 歲男孩，當我聽過他的分享後，問：「那如果你要製作吸樹葉機的話，你想知道什麼？」男孩回答：「我想知道婆婆喜不喜歡我畫的吸樹葉機。」我鼓勵他不如一起去訪問婆婆。於是，我跟着男孩一家去訪問清潔工，清潔工知道後滿心歡喜地誇讚男孩。事後男孩充滿自信地表示將來一定要成為發明家，幫助身邊有需要的人。

「I see, I think, I wonder」在實踐中最美麗的地方，就是巧妙地運用「提問」來取代給孩子的「指令」，同時讓家長在教養孩子的過程中，保留教育家 John Dewey 提及的孩子的學習天性。以上文的男孩為例，那些天性包括：愛表達（表達對婆婆的關愛之情）、愛探究（探究裝置如何能成功地吸樹葉）、愛建構（繪畫及設計裝置）、愛交流（向治療師分享心事、訪問婆婆）。這個思考框架鼓勵孩子從客觀觀察（I see）到主觀解釋（I wonder），再到主動探索和提問，如此孩子不僅能看見自己的思考，也能學懂如何運用這個思考工具箱，在成長中更能享受日常學習及生活中的解難過程。

家長有什麼要 特別留意？

教導孩子關於思考的用語

在與孩子的日常對話中，家長可適時教導他們關於思考操作的用語，例如：預測、分析、推敲、反思、計劃、邏輯等，把這些用語加入到談話或對新聞時事的討論中。透過每天在生活中培養思考慣性，孩子會逐漸習慣分辨問題及運用上述用語，對日後建立高階思維非常重要。

別只談對與錯

引用蘇菲派詩人魯米的詩句：「在對與錯之外，有一個領域。我將在那裏與你相見。」當家長發現孩子的行為並不理想時，如果只着重跟孩子談論對與錯，很容易陷入爭辯是非的漩渦中，無法讓孩子進入思考操作的領域。家長應多留意家中的學習氛圍，這對孩子的大腦成長有着非常深遠的影響。一個開放、積極、容許犯錯的學習氛圍，孩子能在其中自在地與家長進行互動，明白到犯錯也不要緊，只要思考如何改進情況及解決問題便可以。家長需要學習放棄向孩子說明對與錯，不要急着修正，而是給予孩子發揮的空間——這是一份送給孩子的珍貴禮物。

「我能幫上什麼忙？」

家長要多留意自己平日與孩子的對話模式，除了減少說對與錯，也要學會把握時機，在孩子需要幫忙時，給予適度的協助。當家長留意到孩子有些問題解決不到而感到煩惱時，不妨問孩子：「我能幫上什麼忙？」但請謹記，提問不代表要即時給孩子答案或者解決方案，

而是代表家長向孩子傳遞一個明確的訊息——「我看見你的需要，而我在聆聽你」，等孩子建立安全感，再跟着執行「I see, I think, I wonder」的思考操作。

故事教學模式

如果想啟發年幼的孩子學習思考操作，家長可透過故事劇情引導孩子思考情節、角色動機和道德問題，一同討論故事中角色的選擇、後果和解決方法。此外，家長亦可與孩子一起創作故事，並討論故事情節，借助故事來開發孩子的思考腦。

参考資料

- Dewey, J.（1933）. *How we think: A restatement of the relation of reflective thinking to the educative process.* Houghton Mifflin.
- Edwards, C., Gandini, L., & Forman, G.（Eds.）.（2011）. *The hundred languages of children: The Reggio Emilia experience in transformation.* Bloomsbury Publishing USA.
- Fisher, R.（1999）. Thinking skills to thinking schools: Ways to develop children's thinking and learning. *Early child development and care, 153*（1）, 51-63.
- León, J. M.（2015）. A baseline study of strategies to promote critical thinking in the preschool classroom. *GIST–Education and Learning Research Journal,*（10）, 113-127.
- Mardell, B., Ryan, J., Krechevsky, M., Baker, M., Schulz, T. S., and Llu- Constant, Y.（2023）. A pedagogy of play: Supporting playful learning in classrooms and schools. Cambridge, MA: Project Zero.
- Mermelshtine, R.（2017）. Parent–child learning interactions: A review of the literature on scaffolding. *British Journal of Educational Psychology, 87*（2）, 241-254.
- O'Reilly, C., Devitt, A., & Hayes, N.（2022）. Critical thinking in the preschool classroom-A systematic literature review. *Thinking skills and creativity, 46*, 101110.
- Project Zero.（n.d.b）. *Project Zero's thinking routines toolbox.* https://pz.harvard.edu/thinking-routines.
- Read, C.（2006）. Scaffolding children's talk and learning. *Current Trends and Future Directions in ELT*, 1-18.
- Sternberg, R. J.（1986）. Critical Thinking: Its Nature, Measurement, and Improvement.

第 4 章

IB特質：樂於溝通
Communicators

學習者需以多種語言和方式，自信而有創造力地表達自己，並能與人有效地合作，仔細聆聽他人和團體的觀點。

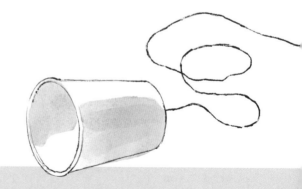

「與人交談一次，往往比多年閉門勞作更能啟發心智。思想必定是在與人交往中產生的，並在孤獨中進行加工和表達。」

——俄國作家　列夫‧托爾斯泰

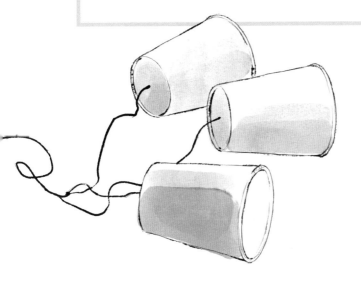

4.1

由個性特質出發，
幫助孩子在團體中找到定位

普遍現象：
認為孩子「外向」便是「醒目」

　　我收過不少家長的求助，請我幫他們的孩子變得外向、開朗一些，並提升溝通能力。在深入了解孩子的情況後，我一般會發現這些孩子其實沒有什麼心理問題需要接受治療。他們只是比較內向，需要多些鼓勵。這些家長的求助，反映着社會普遍比較認同外向的孩子，認為他們比較「醒目」，而內向孩子的優勢往往被低估和忽略。

　　當家長要培養孩子的社交能力、合作能力和溝通技巧時，要明白每一個孩子都是獨一無二的。他們有自己的生存之道、獨有的溝通模式、偏愛的表達方式，以及在羣體中扮演的角色。唯有在家長明白他們的基礎上，才能夠幫他們認識自己的獨特性，以自己的長處在羣體中找到位置。

培養技巧背後的理證

　　人們所說的外向或內向，其實是心理學大師 Jung（1971）將人的心理類型（jungnian typology）分類的其中一個導向，代表我們的兩種精力取向（attitude）。此外，他還以兩種認知功能（perceiving function）、兩種判斷功能（judging process）去區分心理類型。這兩種取向加上 4 種功能，一共可以演變出 8 種性格類型。根據他的理論，心理類型是與生俱來的，也是普世的，是我們面對這個世界的慣性方式。每種心理類型都有它的存在價值、潛能和可能的盲點。這套理論頗為複雜，由於篇幅所限，在這裏只會講述最基本的定義及運用，不會涉及它們之間的動態關係。

樂於溝通

兩種精力取向

內向型　　**外向型**

+

兩種認知功能　　　　　　兩種判斷功能

感覺型　　**直覺型**　　　　**思考型**　　**情感型**

1 兩種精力取向：「內向」和「外向」

外向和內向代表我們對於這個世界的取向。**外向型孩子**的能量是向外流動的，他們很容易被外在環境吸引，也很快投入新環境，在不同的羣體中都能夠揮灑自如，輕易和別人展開話題。他們一般需要透過說話和活動去釐清自己的思想，也容易向別人展現自己優秀的一面。相反，**內向型孩子**的能量是向內流動的，他們更被內在世界吸引。他們內省能力高，需要空間和時間去消化生活經驗，然後選擇性地表達或分享。相比起羣體活動，他們更享受一對一的深度和親密感。他們給人的感覺是比較需要隱私的，而過多的羣體活動會令他們感到困擾和疲倦。內向型孩子的優點不容易被人發現。

2 兩種認知功能：「感覺」和「直覺」

感覺和直覺屬於認知功能，代表我們如何去接收、覺察及處理資訊。**感覺型的孩子**放眼於現在和事實，傾向以五感按部就班地接收環境中真實及具體的信息。他們懂得運用已知的技巧，並能安於常規和清晰的程序。相反，**直覺型的孩子**傾向覺察各種事物及人物之間的關係、模式、可能性和象徵意義。他們放眼於未來，喜歡變化和新事物。以通俗的角度來看，他們的「第六感」較強。

3 兩種判斷功能：「思考」和「情感」

　　思考和情感屬於判斷功能，代表我們在接收訊息以後，如何去處理、組織、總結信息，並進行判斷。**思考型的孩子**比較重視真理及公義，他們善於以邏輯、因果關係及既定原則做出結論。在處理問題時，往往理大於情，有機會給人一種不近人情的感覺。**情感型的孩子**比較重視和諧和惻隱之心，對於衝突較為敏感。做決定時，他們會考慮主觀因素，包括個人和他人的感受、過往經驗、個人聯想、意義等，有機會給人一種軟弱無力的感覺。

培養良方

法 1 觀察孩子

　　心理類型是與生俱來的，家長要做的，是讓孩子的本性可以發揮。上述兩種精力取向，在孩子學齡前的時候，就能夠輕易觀察得到。另外的認知及判斷功能，可能要孩子到了學齡階段以後，才會逐漸變得清晰。家長先要觀察孩子屬於什麼類型，才可以給予幫助。

法 2 成為孩子的鏡子

　　家長透過觀察，留意到孩子的特性，並把這些特性告訴孩子，讓他們意識到自己是一個怎樣的人，喜歡什麼、在羣體中是如何與別人相處、溝通和合作的。家長的角色是一面鏡子，反映孩子所是，而不是去批判；只要實事求是，真實地將他們從孩子身上

觀察到的客觀看法，如實告之便可以了。等到日子有功，孩子會慢慢清晰和具體化自己與生俱來的特質和長處，並將其盡情發揮。

以下是家長可以向不同類型的孩子，分享他們在孩子身上觀察到的特點：

類型	在羣體中的特性	家長可以與孩子分享觀察所見
外向型	善於社交，他們的投入令場面熱鬧	•「你喜歡和不同的人交談。」 •「你可以和別人談天說地，說個天南地北。」 •「在陌生或新的地方，你很快和大家打成一片。」 •「你會即時表達自己的想法和感受。」 •「你反應很快，聲音響亮。」
內向型	羣體中的觀察者，可以提出深入的見解	•「你比較喜歡一對一的玩伴方式。」 •「你喜歡先觀察，後參與。」 •「你需要空間和時間去消化別人的話，然後才找機會表達。」 •「你喜歡思考。」 •「其實你在新環境經過暖身，開始熟悉後，也有不少參與。」
感覺型	仔細和現實的執行者	•「你留意到很多細節和事實。」 •「抽象的比喻讓你困惑。」 •「你喜歡一步一步的解釋。」 •「你可以想到實際操作的例子。」 •「你喜歡以簡單、實用和直接的方式表達。」
直覺型	夢想者，提出方向和憧憬	•「你看到這些人物（或事件）的關聯及背後的圖畫。」 •「太多細節令你煩躁，因為你已經明白當中的運作。」 •「你喜歡以比喻、象徵語言來表達自己。」 •「你想到其他可能性。」 •「你又有新主意了。」

類型	在羣體中的特性	家長可以與孩子分享觀察所見
思考型	解決者,可以冷靜地思考問題	•「你重視對錯,會講道理。」 •「你喜歡問為什麼。」 •「你解釋得很清楚。」 •「你把利弊都看清了。」 •「你喜歡證明自己是對的。」 •「你相信專家和權威,也喜歡有能力的人。」
情感型	關係的調和者,他們的存在令大家感到舒服	•「你重視大家的關係。」 •「你喜歡分享自己的經驗和故事。」 •「你懂得欣賞對方的長處。」 •「你覺得這個很重要、有意義。」 •「你喜歡這樣做。」

方法 3 培養孩子潛在發展的重點及技巧

在孩子認識、明白、接納自己的基礎上,我們可以在生活中,慢慢鼓勵孩子多看、多想、多感受,培養他們的潛在發展。這個過程也許會很漫長,因為孩子並不是在運用他們最拿手的本領。然而,家庭是孩子第一個,也是其中一個最重要的學習社交、與人溝通和合作的場合。如果孩子平日在家中得到鍛煉,到了家庭以外的羣體,便也能和別人和睦相處。

以下是家長如何培養孩子潛在發展的參考例子。

類型	重點	家長可以說
外向型	對於勇於表達自己的外向型孩子，家長可在適當時候幫助他們停頓一下。這樣，可以慢慢鼓勵他們騰出說話空間給別人發揮。	「謝謝你的分享，讓我清楚知道你的想法。不過，我們好像一直忽略了妹妹。我們給妹妹一些時間想一想，組織一下，然後分享她的想法，好嗎？」
內向型	內向型的孩子需要得到多些鼓勵、空間和信任，讓他們嘗試不同的事物，將自己美好的一面展現出來。值得一提的是，內向型的孩子看事物有深度，並且喜歡自省。	「我看見你的小腦袋不停地在運轉，可以分享一下你的想法嗎？你的看法通常很到位。」
感覺型	對於注重現實、細節的感覺型孩子，家長可以提出務實、具體的全新可能性，以此衝擊他們的慣性思維。	•「你看見這兩件事之間的關聯嗎？你想知道我看到什麼嗎？」 •「除了你慣常的做法外，還有其他做法嗎？」
直覺型	對於天馬行空的直覺型孩子，可以幫助他們和現實連結，並令他們慢慢意識到，在羣體中有些小朋友未必跟得上他們的思考節拍，特別是感覺型的孩子。	•「你的主意很有趣和新奇。剛才關於你所說的，我有些不清楚，你可以給予實際例子說明一下嗎？」 •「孩子，你打算如何執行呢？」
思考型	對於注重對錯和公義的思考型孩子，家長要保持客觀和清晰，可以利用他們分析利弊的特長，幫助他們衡量一下情感與理性。	•「你說的沒錯，道理上是對的，但我有一點顧慮。如果這樣做的話，會不會傷害了對方，令你失去一個朋友呢？」 •「是不是一定要證明自己是對的呢？」
情感型	對於注重關係的情感型孩子，家長介入時，需要先和他們連結，表達同理心和支持，避免批評。然後慢慢挑戰他們思考問題。	「我知道 XX 是你的好朋友，但是，你覺得在這件事上，道理真的站在她那邊嗎？YY 真的有錯嗎？XX 真的是對的嗎？」

家長有什麼要 特別留意 ？

心理類型沒有好壞之分，它可以幫助我們了解自己、人與人之間的差異。然而，現今社會的風氣，外向型取向往往被視為發展標準，成年人也很容易將內向型的孩子標籤為「怕醜」，對孩子造成打擊。

我曾經有一位 30 多歲的客戶，在別人看來，他擁有令人稱羨的工作和家庭，是人生勝利者。那麼，他為什麼前來求助呢？原來，他為自己的「殘疾」感到十分自卑。他深信內向是一種身體殘疾，特別是在他身處的美國文化工作環境中。我聽後嚇了一跳，內向竟然變成「殘疾」！

因此，我要再一次強調，家長要做的，是讓孩子可以盡情發揮本性，扭曲他們會造成痛苦、內心混亂和迷失自我。唯有在孩子得到接納、可以發揮長處的前提下，才能更容易地擴闊自己的成長空間，在**適當**的時候加入自己不擅長的元素。我強調「適當」是因為我們不會成為我們不能夠成為的人。家長可以鼓勵一個內向的孩子在適當的時候，於羣體中表現自己，但是他不會變成一個外向的孩子。一個學會在適當時候考慮別人的思考型的孩子，和關係調和者也不太一樣。家長一定要尊重孩子天生的心理類型。

參考資料

- Jung, C.G. (1971). *Psychological Types, C.W.6*. New Jersey: Princeton University Press.

4.2

建立孩子在團體活動中的協作能力和溝通技巧

普遍現象：
孩子缺乏與同儕溝通的機會；或在團體中容易鬧情緒

在團體活動中，家長一定教導過孩子與他人合作時，要禮讓、要有合作精神等重要元素，但是培養這些元素都需要有「對手」，即是要有年紀相仿的同儕才能有機會練習。因此，家長會問：「家裏只有一個孩子，我也不打算為孩子生一個弟弟或妹妹。在育有獨生子女的家庭中，如何幫助孩子建立協作能力和提升溝通技巧？」

有些家長則會面對另一種難題，就是兄弟姊妹之間經常出現紛爭，即使有「對手」讓他們在家裏練習協作和溝通，但當家長嘗試給予一些指導和意見時，某一方可能會鬧情緒，認為家長只批評他，對他不公平。家長為此非常頭痛和為難。

在這兩種家庭中，家長同樣面對這樣的疑難：怎樣幫助孩子建立在團體中的協作和溝通能力，讓他在未來不同的社交場合中都應付自如？

培養技巧背後的理證

每當進行一些成年人的溝通技巧訓練課程時，都不難發現某些行業的人士，例如：老師、客戶服務員、公務員等的溝通技巧都可以媲美從事輔導的行家。到底是因為他們的行業本質要求有相應的溝通技巧，還是因為長期處於需要運用溝通技巧的環境下，強化了他們的能力？有些人先天善於溝通，亦有機會是相輔相成的，經由後天大量的演練，大幅提升協作和溝通能力。

1 同理心

在訓練協作和溝通技巧前，家長不能忽略基本的要素——同理心。美國著名心理學家 Carl Rogers 於 1951 年提出的人本主義理論中，提到同理心是一種在人與人之間建立信任關係的有效溝通技巧。Rogers 用穿上對方的鞋子來比喻同理心，意味着換位思考，將自己置於他人的位置聆聽，感受並理解對方所經歷的，體會對方的立場、情緒和想法。另外，根據護理學家 Theresa Wiseman 在 1996 年的研究，她提出了 4 種關於同理心的特性：

- **接受觀點：**能夠接納並理解對方的觀點，認同對方的立場。

- **不加以評論：**能夠避免主觀評價和批評，容易做到客觀聆聽。

- **情緒交流：**能夠察覺對方的情緒並嘗試與對方溝通。

- **感同身受：**能夠將自己放於對方的位置上，深刻理解對方的感受。

在不同的社交場合中，同理心能夠讓我們從他人的觀點出發，減少與他人衝突，亦有助人與人之間的情感連結起來。在同理他人的觀點和感受後，有助雙向溝通，促進協作的成效。

2 積極聆聽

除了引導孩子產生同理心外，家長還需要另一個重要元素 —— 積極聆聽。Rogers 與另一位美國著名心理學家 Farson（1957）提出積極聆聽是促使人際間建立信任關係的溝通技巧。積極聆聽看似簡單，實行起來卻是難度高，極具挑戰性。積極聆聽的重點包括：

- 了解傳達訊息者在說話內容中的意思以及語句背後所表達的感受和態度，使到聆聽者能夠準確掌握到傳達者的真正意思。

- 人們不能長期被動聆聽，在對方結束話語後，需思考如何回應和反映傳達者當下的感受。這個過程，需要運用同理心來換位思考。

- 在進行積極聆聽時，聆聽者必須注意非語言的表達，例如：傳達訊息者的面部表情、眼神接觸、身體距離和語氣等。這些線索能夠幫助我們更全面了解對方進行溝通時所表達的重點。

因此在溝通中，我們應該綜合運用語言和非語言的表達，以確保訊息能夠準確傳達，並受到理解。

方法 1 創造示範和演練的環境和機會

在獨生子女家庭中，由於環境中沒有其他孩子，家長可以創造一些後天條件給孩子提供練習的機會。家長需要營造團體的效果，例如：觀察孩子平日經常提及的同學和玩伴等，為孩子安排一些恆常的玩伴約會。當然，家長必須詢問孩子的意願和給他自主選擇玩伴的機會。家長可以在孩子面前示範邀約朋友的簡單溝通技巧，包括：

邀約的溝通技巧	家長示範
觀察朋友的愛好，看看會否與自己有共同興趣。	「我看見你在公園玩滑板車一會兒了，我也喜歡玩，我們可以一起玩滑板車嗎？」
發出邀請時，表達自己和朋友可以討論和揀選2至3項雙方都感興趣的活動。	•「你也住在這裏嗎？也許我們可以約定下次在這裏一起玩。」 •「下次我們可以帶大家都喜歡的滑板車和玩具一起玩，你覺得這樣可以嗎？」
查問朋友是否有空餘時間，討論和安排行程。	「每個星期日下午，我們都會到這個公園玩，你可以先問一問你爸媽，這個時間你們有空嗎？」

成功邀約朋友後，家長可以推動和鼓勵孩子下次由他嘗試親自約朋友。如果孩子具備足夠的社交能力，家長可以鼓勵他邀請2至3個朋友，營造一個小型團體活動。在邀請朋友的過程中，建議孩子可以了解和記下每個朋友的性格和愛好，嘗試找出一些

樂於溝通

共同的地方，以便有利日後在團體內互相溝通，例如：大家都是家中的獨生子女、個性安靜、喜歡製作甜品、住在同一區等。當孩子有能力掌握邀約朋友的技巧，家長可以在他們進行活動時，盡量給予空間和機會讓孩子在團體中練習與他人溝通。如果孩子們發生紛爭，讓他們以尊重團體的前提下，共同決定怎樣處理，家長要按捺當刻很想幫助他們的衝動，不要主動參與他們的討論，以免影響公平性以及減弱孩子在團體中擔當的角色和責任。

方法 2 建立家庭會議，讓孩子積極聆聽和同理他人，練習正向表達意見

　　如果家庭中有不同年齡的孩子，建議日常在家庭系統中，建立容讓意見表達和積極聆聽的恆常家庭習慣。著名心理學家 Alfred Adler 提出的正向教養，強調在家庭系統內建立表達意見的民主渠道十分重要。他指出，恆常及簡短的家庭會議可以讓孩子學習重要的協作技能、抱持正向態度以及願意為他人作出貢獻。家長可以和孩子商議，當遇上家庭紛爭、意見不合時，不要偏袒一方或只聽取一方的說法，建議採取中立的態度，充分利用家庭會議的方式解決問題。在家庭會議開始時，訂立一些互相都能遵守的規則。例如，家長可以說：「每個星期一晚上，我們都會進行一次家庭會議，這次我們主要討論這個假期的活動。我知道大家都有不同主意，但在分享前，我們要先一起訂立規則，例如：當一方在表達意見時，其他人必須積極聆聽和尊重對方，你們還想到其他規則想加進去嗎？」

　　家庭會議的目的不只是為了讓孩子在團體中表達負面情緒，更是提供一個安全的空間，讓孩子有展現積極聆聽和同理別人的機會，並且透過對話找出可行的解決方法。除了處理紛爭外，家

庭會議亦可以討論一些和每位家庭成員有關的主題，用作收集意見和想法之用。

　　在家庭這個小團體中，孩子如何看待自己的角色、身分，連帶的責任也會隨之改變。在舉行家庭會議時，家長不妨讓孩子思考和選擇在家庭會議中想擔任的角色，例如：意見發表者、聆聽者、會議召集人、觀察員、秘書長、主席等。通過擔當不同角色，孩子可以體會每個崗位的觀點和責任。家庭會議可以於每周恆常地進行，這樣孩子就會有充足的機會在團體中練習換位思考，也能演練如何以正面的溝通方式和他人相處。

家長有什麼要 特別留意 ？

　　家長在善用以上培養技巧前，先要了解自己在親子溝通上是否表現出同理心、做到積極聆聽、有否覺察平日在溝通過程中的非語言表達。如果想事半功倍，建議家長先由自己出發。當家長掌握和運用以上溝通技巧時，會發現原來不需要刻意引導，孩子自然會模仿父母待人接物的方式和態度。在潛移物化下，孩子的態度和舉止反映家長對待孩子的行為和信守的價值觀。在每天引導孩子的同時，家長可以反思怎樣修正和調整自己，以享受和孩子共同學習和進步的過程。

參考資料

- Adler, A. (1927). *Understanding Human Nature*. Greenberg Press.
- Rogers, C. R. (1951). *Client-centered therapy*. London, England: Constable.
- Rogers, C. R., Farson, R. E. (1957). *Active listening*. Chicago, IL: Industrial Relations Center of the University of Chicago.
- Wiseman, Theresa. (1996). *A concept analysis of empathy*. Journal of Advanced Nursing. 23. 1162-1167. 10.1046/j.1365-2648.1996.12213.x.

第 5 章

IB特質：**重視原則**
Principled

學習者需以誠信和正直的態度行事，對公平和正義具有強烈意識，並尊重所有人的尊嚴和權利，也要對自己的行為及後果負責。

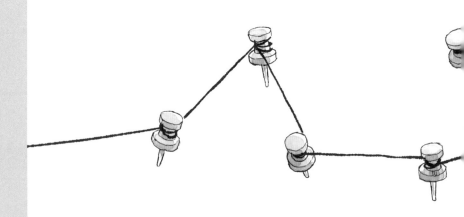

「出於最深切的信念而說出的『不』，比僅僅為了取悅或更糟的是為了避免麻煩而說的『是』要好得多。」

　　　　　　——印度　聖雄甘地

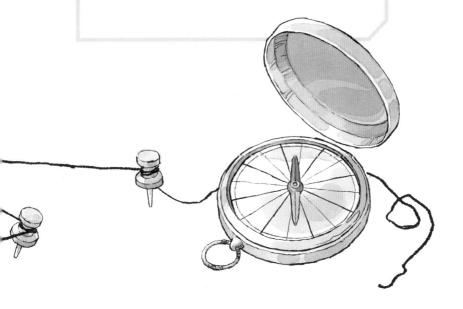

培養正直、誠實、具正義感的孩子

普遍現象：
孩子不辨是非，遇有不如意大
發脾氣、攻擊別人

　　曾有一位家長前來尋求協助，提到她 8 歲兒子被診斷患了對立性反抗症（Oppositional Defiant Disorder，簡稱 ODD），經常不遵守規則。在學校裏，無論是在課室還是操場，他經常對老師的指示表現出反抗的態度，不配合完成學習任務。遇到他討厭的老師，更作出挑釁的行為，挑戰權威。此外，家長有時會發現他書包內有不屬於他的物品，追問時，他總是撒謊、編造故事，以逃避責任，避過處罰。還有更傷腦筋的是，每當他在遊戲中落敗或感到不如意時，就會大發雷霆，作出攻擊性的行為。

　　家長無奈地問：「我的孩子怎麼會這麼壞？他自私自利，不分對錯。」

培養技巧背後的理證

美國心理學家 Lawrence Kohlberg 提出了「柯爾伯格道德發展三階段理論」（Kohlberg's 3 levels of moral development），將道德發展分為 3 個層級和 6 個階段。這些階段解釋了個人在道德價值和道德判斷方面的成長和演變（Kohlberg, 1971）。

柯爾伯格
道德發展三階段理論

普遍倫理取向

社會法規取向

道德自律期
(基於個人認同的道德規範進行道德推理)

遵守法規取向

尋求認可取向

道德循規期
(基於外在的道德規範進行道德推理)

相對功利取向

避罰服從取向

道德成規前期
(基於賞罰進行道德推理)

重視原則

1 第一層次：道德成規前期

「慣例」指社會規範，即社會普遍認為「對」的準則。道德成規前期（pre-conventional level）指孩子學懂社會規範前、由幼兒期到初小的階段。在此層次中，孩子跟隨規則，分辨好壞對錯。然而，所謂好壞對錯之分，只是基於行為的後果和個人利益。

● 階段一：避罰服從取向（avoiding punishment）

孩子會盡可能避免懲罰。在此階段，孩子之所以遵守規則是出於他們對後果的恐懼，害怕受到處罰。例如：孩子因為擔心被發現和受到懲罰而不敢偷擦膠；相反，如果偷擦膠後會獲得稱讚，那孩子就會偷擦膠。對這階段的孩子而言，被懲罰的行為是錯的，得到獎賞的行為就是對的。

● 階段二：相對功利取向（self-interest）

對錯亦可由行為是否利己而判斷，當中的利己行為是對的。在此階段，孩子會考慮自己的利益，並與他人進行一對一交換。例如：孩子會在學校與朋友分享零食，因為他知道朋友會分享自己的零食作為回報。

2 第二層次：道德循規期

孩子會在高小至中學期間，經歷道德循規期（conventional level）。在此層次中，對錯是基於權威個體，如老師、父母是否給予允許，孩子會遵守家中、學校所訂立的規則和不成文的社交潛規則，他們相信遵守規則能有效維持家庭、團體的秩序，比個人利益更為重要。這種忠於團體的態度，讓他們在團體中被認可、被視為一分子。

- **階段三：尋求認可取向（good boy attitude）**

　　孩子會通過表現出「友善」來贏得別人的認同與肯定，維持良好的關係，這些行為可以是幫助別人或取悅他人。例如：孩子玩遊戲時沒有作弊，因為他明白作弊會破壞與玩伴之間的信任，傷害他們的友誼。再舉一個例子，自卑的孩子可能選擇幫助同學完成作業以獲得同儕的喜歡。

- **階段四：遵守法規取向（law and order）**

　　孩子懂得尊重權威，負起維護固有規則和社會秩序的責任，亦意識到履行個人義務的重要性。例如：孩子遵守課堂規則「先舉手，後說話」，以維持課堂秩序，並尊重老師和同學。

3 第三層次：道德自律期

重視原則

　　道德自律期（post-conventional level）通常在成年階段才出現，不過，並不是每一個人都會發展到此階段，約佔人口 10 至 15%（Kohlber，1987）。若達到這個階段，成年人對道德價值觀和原則具有獨特見解，這些價值觀和原則不受權威和原屬的群體局限。

- **階段五：社會法規取向（social contract）**

　　在此階段，人們會逐漸意識到法律和規則是社會訂立的契約，可以進行修改和改進。道德行為是個人價值觀和觀點的產物，因此不像第四階段那樣將法律和秩序視為絕對的「黃金準則」，而是具有可變性。例如：一個人會基於個人觀點，積極倡導性別平等，推動防止性別歧視的法律，確保每個人都能享有平等的權利和機會。

- **階段六：普遍倫理取向（universal ethical principles）**

　　道德行為應與自己選擇的倫理原則吻合，根據自己內心深處的價值觀行事，但求無愧於心。這些價值觀大多為普世價值，包括尊重人權、平等、正義、尊嚴、善良、誠實和包容性等，它們超越了特定的文化、背景或信仰，被認為是全人類共同的道德準則。例如：孩子為了反對霸凌、保護受虐的同學，情急之下與霸凌者起衝突，雖然他的行為略為不成熟，但仍然是正義之舉。

　　道德發展可受到文化和經驗等各種因素影響，而孩子未必會經歷上述所有道德發展階段。了解這些階段，可以幫助家長明白不同年齡的孩子是如何推論出「正確」的行為，並促進孩子成為正直、誠實、具正義感的人。

培養良方

　　除了家長的身教之外，以下將針對柯爾伯格道德發展三階段理論中的 6 個階段，建議一些培養 IB 特質「重視原則」的技巧。

方法 1

階段一：訂立明確規則和獎罰制度

　　孩子會撒謊，是因為害怕受到懲罰，期盼謊言可以「救他一命」。當孩子撒謊時，責怪他有機會應驗他認為「爸媽會懲罰他」的預期，令他更加堅信撒謊是有幫助的。首要任務是讓他說出真相，家長可以先安撫，後引導。家長可以安撫：「我知道你現在

很害怕，擔心我會責罵你。」然後引導孩子，表明期望，例如說：「媽媽認為誠實是重要的，你慢慢告訴媽媽發生什麼事了。」待孩子說出真相後，嘗試理解他的小失誤，教導他正確的行為。

最後，家長要訂立明確的規則和獎罰制度，例如說：「媽媽很重視誠實，如果下次你再遇到困難，應該怎樣做？」、「如果你沒有遵守誠實規則，就要到冷靜角休息」、「如果你下次也能夠坦白承認錯誤，媽媽便獎勵你一張貼紙」等，清楚地傳達哪些行為是可以接受，哪些是不可接受。當孩子沒有遵守規則，家長可以實施合理、適當、經雙方協商的後果。

階段二：鼓勵尊重各人的利益

經歷道德發展階段二的孩子重視個人利益。建議在家庭中營造一個開放和誠實的溝通環境，鼓勵孩子表達他們的想法與情緒、觀點與需求等。家長亦可以從中滲透自己的感受與需要，讓孩子慢慢意識到別人也有他們的需求，明白在人際互動中應保持公平和互惠。家長可善用引導性提問，例如：「你這次借用了哥哥的直尺，下次哥哥向你借文具時，你會怎樣做？」、「你想要玩媽媽的電話，但你沒完成功課便去玩會令媽媽感到煩惱，你應該先做什麼？」等。

階段三：引導反省「好孩子」特質

在階段三，別人的認同和人際關係變得非常重要，孩子希望自己能成為別人心目中的「好孩子」。家長可以解釋「好孩子」的特質包括同理心、友善和與人合作，引導和鼓勵孩子以同理心思考他人的感受和觀點，並多做友善待人的行為，例如：有禮貌

地向人打招呼、參與義工服務等。對於孩子的不當行為，家長亦可以引導孩子想像自己的行為如何影響他人，以及當自己反過來經歷類似情況時會有什麼感受，藉此培養他們正直的人格，例如：「每次玩遊戲都是你獲勝，你的玩伴會開心嗎？」或「你拿了同學的鉛筆。我們來想像一下，如果同學發現自己心愛的鉛筆不見了，他的心情會怎樣？」

方法 4　階段四：討論規則和社會規範

　　在階段四，孩子明白他們有責任遵守法規，以維持社會的秩序與穩定。家長可與孩子討論現有規則和社會規範的作用，以及違反規則的後果，讓孩子知道遵守規則的重要性，並明白違反規則可能帶來的負面影響，建立尊重法規的態度。家長可以透過提問引起討論，例如：「為什麼上課時，學生要保持安靜？為什麼要先舉手，後說話？為什麼要配合老師完成學習任務？」或「為什麼上學要穿着校服？如果穿着便服上學，會有什麼問題或後果？」。

方法 5　階段五及六：培養批判性思維

　　雖然未必所有人都會到達這兩個道德發展階段，但家長也可以嘗試引用當中強調的社會法規可變性和普世倫理價值，培養孩子的批判性思維和道德推理能力（moral reasoning）。道德推理能力是指基於個人的價值觀、信仰和原則，進行倫理判斷和決策的過程。大家就一些社會問題、道德困境進行批判性討論與分析，過程中考慮不同觀點，權衡相互衝突的價值觀，再評估不同行動可能帶來的後果，最終做出最具道德性的行動方式。

以下是一個經典的道德困境例子：

> 一位女士罹患一種特殊的癌症，瀕臨死亡。藥劑師研發了一種可能救她性命的藥物，並以高價出售。女士的丈夫試圖借錢，但只湊得一半金額，他請求藥劑師降低價格或容許分期付款，卻遭藥劑師拒絕。在絕望之下，丈夫偷取藥物救妻子。丈夫應該這麼做嗎？

在這道德困境中，沒有絕對的對與錯，重要的是透過討論讓孩子釐清自己的原則和價值觀，建立獨有的一套道德指南，按照個人原則做事，無愧於心。

家長有什麼要 特別留意？

家長應該適應孩子的成長和發展需求，在道德發展上提供適合的引導和教育。每個孩子都具有不同的價值觀和觀點，家長應尊重孩子的差異，鼓勵他們思考和探索自己的價值觀，即他們重視的事物。道德發展是一個長期的過程，需要家長持之以恆地引導孩子討論道德議題，給予他們時間和機會去理解和發展。家長宜避免以孩子的偏差行為標籤孩子，認為他們「壞」。根據過往臨牀經驗，即使孩子有偏差行為，只要他們感覺到父母真誠地關心和欣賞自己，也能夠自發地作出良好行為，例如順從規則和顧及別人感受。

參考資料

- Kohlberg, L. (1971). *Stages of moral development as a basis for moral education*. Cambridge: Center for Moral Education, Harvard University.
- Kohlberg, L. (1987). The psychology of moral development. *Ethics, 97* (2).

第 6 章

IB特質：開放思維
Open-minded

學習者需批判性地欣賞自己的文化和個人歷史，以及他人的價值觀和傳統。尋找和評估各種觀點，並願意從中成長。

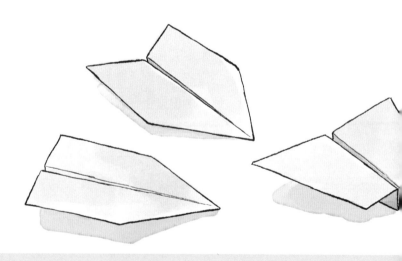

「敞開的心胸加上願意行動，人們
　永遠可以發現新天地。」
　　——美國發明家　查爾斯·凱特靈

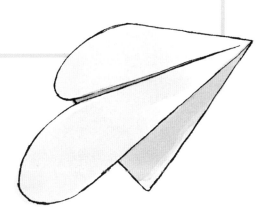

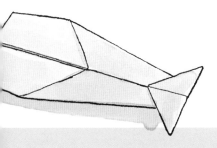

6.1

從尊重到接納：培養孩子的開放思維及社會責任感

普遍現象：
想培養出乖巧聽話的孩子，卻未能如願以償

很多家長會因為孩子不聽話、頑皮，而斥責和懲罰他們，這些家長的教養目標是培育出又乖又聽話的孩子。可是研究發現，「不聽話」的孩子往往更有主見，擁有更活躍的思維，比起乖巧的孩子更具有獨立性和創造性。在知識型經濟時代，創意和開放思維更是全球企業渴求的人才特質。

例子：

媽媽從小都會為小頤作一切決定，她已經 12 歲了，卻仍然由媽媽決定她每天的衣着和食物，而她亦接受這一切。在學校內她沒有朋友，也不敢和人接觸，因為她從來不知道自己喜歡什麼，不懂關心自己和別人的需要，也害怕一切未知事物。

培養技巧背後的理證

高度開放的性格與全球素養

哈佛教育研究所的研究人員指出，要培養出有全球素養（global competence）的孩子，關鍵在於要讓孩子了解多元文化的知識和議題，提高他們對生活環境的自覺，對自己和別人的文化持有開放思維，並對社會有包容度和責任感等。上述小頤的例子，恰恰與全球素養重視的特質相反，由於母親的過度介入，小頤失去了建立自主意識的機會，亦對事物傾向採取保守不變的思維。

在傳統性格測驗「五大性格特質」(big five personality traits) 中，「對經驗的開放性」（openness to experience）與全球素養有很大關聯。在這一項取得高分的人，具有以下 5 項特點：

- **想像力（fantasy）**：喜歡多元和抽象思考，即使在沉悶的環境中，也能透過作白日夢找到樂趣。

- **審美觀（aesthetics）**：喜愛各種形式的藝術，以及願意了解各種藝術表達的故事和意義。

- **感受情緒（feelings）**：容易覺察自己的情緒，擁有豐富的情感世界。

- **容納不同價值（values）：** 尊重並願意接納不同意見和價值，思考有彈性，更容易接受新的想法和事物，存有較少偏見和歧視。

- **構想力（ideas）和行動力（actions）：** 傾向對新的想法和行動躍躍欲試，具有滿滿的好奇心。

　　由此可見，擁有高度開放性的性格，會更容易發展出具備國際意識的特質。然而，如果父母在教養過程中，沒有容許孩子表達意見，便容易令孩子變得被動保守，在這個性格特質中取得較低分數。雖說性格特質沒有好壞之分，但是較保守的孩子長大後容易變得因循，未必跟上現代社會瞬息萬變的步伐。

② 更開放和更具社會責任感關鍵：正向情緒

　　那麼，家長的下一個問題可能是「如何使孩子變得更開放？」我們可以從著名心理學家 Barbara Fredrickson 的擴展與建構理論（Broaden-and-Build Theory）得到啟發。根據這個理論，正向情緒可以擴展注意力，使人們更願意開放自己和接納各種事物，還能靈活地解決問題；反之，負面情緒則會減低人們的注意力，限制他們的思想與行動。香港中文大學商學院管理學系的專家於2022 年發表了一項研究，證實了隨着商業機構行政總裁的正向情感水平提升，該機構對社會責任的實踐率增加接近一成。

> 　　綜合以上論證，如果想培育出一個具有高度開放性、社會責任感的全球人才，關鍵在於維持孩子的正面情緒。

法1 情緒輔導技巧

發展心理學家 Gottman（1996）指出，若想孩子維持健康的情緒發展，家長可以根據以下原則教育孩子：

● 覺察自己和孩子的情緒。

● 當孩子出現負面情緒時，借此機會建立親密關係和教育孩子。

● 傾聽和認同孩子的情緒表達。

● 擴闊孩子的情緒詞彙，協助表達情緒。

● 引導孩子尋找解決問題的方法。

例子（回到上述個案中的小頤）：

小頤因為去年輸掉了校內運動比賽，她害怕今年也會輸，所以猶豫要不要參加比賽。家長可以參考以下對話來開導孩子：

媽媽說：「我留意到你最近有些煩惱，是否因為運動比賽？」

小頤說：「我怕像上年一樣輸掉。」

媽媽說：「我明白輸掉的感覺很難受，媽媽小時候輸了比賽也覺得很失望和傷心，雖然害怕，不過還是會再次嘗試。」

小頤說：「媽媽，我既害怕但又想再試試，我應該報名嗎？」

開放思維

媽媽說：「我知道你很矛盾，是否因為你今年也很努力練習，所以想再嘗試，但同時害怕再輸掉一次呢？這都是正常的，媽媽經常會經歷這些矛盾，不過我通常會選擇繼續嘗試。」

小頤說：「為什麼呢？」

媽媽說：「只要再次嘗試，便有機會成功。但如果試也不試，便注定失敗了。」

小頤說：「那麼，如果我嘗試了但仍然輸掉呢？」

媽媽說：「那就證明你是一個有勇氣的人，媽媽也會為你感到自豪。」（抱一下小頤）

方法 2　尊重孩子，給予自主機會

　　不少家長育兒的其中一個盲點，就是為孩子作太多決定。失去自主的孩子，要麼變得很反叛，要麼變得完全沒有主見。在小頤的個案中，我們便看到一個很乖巧的孩子，但她卻不懂得主動去學習和成長。給予孩子自主機會是成長的必要元素。簡單地由每天晚上讀哪一本書，到下課後選擇什麼課外活動，都可以隨着孩子長大，逐步交由他們決定。這樣可以避免孩子變得優柔寡斷，並為其領導才能建立最堅實的根基。

方法 3　不要害怕孩子變「曳」

　　我接觸過不少家長，他們都表達最害怕孩子「曳」。那麼怎樣是「曳」呢？他們會說不聽話、不專心、不守規矩等。如果說每種性格皆有兩面，不妨參考這些性格的正向解讀：

頂嘴 ▶ 有思辨能力

不聽話 ▶ 有主見

不專心 ▶ 腦袋有很多想法

不守規矩 ▶ 愛好自由

在臨牀經驗中，往往成人眼中最「曳」的孩子，恰恰都是聰明和機靈的孩子，他們之所以看起來「曳」，是因為在傳統的教育框架下，表現得太活躍和好動，優點反成了缺點。

我曾經接觸過一個個案，他在傳統名校中被老師視為「問題兒童」，簡單如：「在走廊不可以跑」、「上課時不能喝水」等規矩，他都會挑戰老師，說這些規矩違反人道主義，令老師非常頭痛。後來，這個不聽話的孩子轉到了一間校風較開放的學校，在那裏他可以對校規提出意見，對自己的學習握有更多的自主權，他便如魚得水，成為一名優秀的學生，更常常於朗誦和辯論比賽中獲獎。

有老師曾向我反映，說他們的學生很乖巧，成績也很好，但是每當到外面比賽時，總覺得其他學校的學生更開朗、更主動，口才也更好。在我看來，這就陷入了「又要馬兒好，又要馬兒不

吃草」的迷思中。人們總不能要求學生平常又乖巧又聽話，但到了關鍵時候突然變得活潑主動吧？

因此在教養過程中，家長就需要作出取捨和平衡，經常反思：「我到底想教出一個怎樣的孩子？」如果家長的答案是希望教育出一個擁有全球素養及開放思維的孩子，便表示他們要更多包容孩子的主見、挑戰權威的行為，具有更多耐心，付出的心力也就更多了。

方法 4 相信孩子，相信自己，善用「自我實現預言」

我充分明白，育兒路上家長亦步亦趨的心情，既擔心孩子跑得太快會跌倒，同時害怕他們跑得太慢追不上其他人，很多家長因而進退失據，不知怎樣拿捏教養的鬆緊程度。這時，我很推介家長嘗試掌握「自我預言實現」的技巧。美國社會學家 Merton（1948）提出過一種現象：只要人們作出預言，不論其好壞，皆會影響人們的行為，最後令這個預言實現。在一個著名的心理學實驗中，一班資質普通的學生被實驗人員稱為精英學生，一年後這班學生果然大有進步，成為了精英學生。

因此，家長可以多向子女說樂觀正面的話，讓孩子對自己產生正面的想法，提升其自我效能感。遇到逆境時，孩子便會相信自己有能力解決問題，也會更積極思考各種創意和可能性，結果便會實現家長的預言了。而這個預言，也適用於家長自己身上。我遇過一些家長，常常害怕自己教不好孩子，我會對他們說：「我相信你有這樣的煩惱，恰好證明你是一位很好的爸爸（媽媽）。所以，我對你充滿信心，也請你對自己有信心，一個關心孩子並懂得自我反省的父母，必定能教出好孩子。」

家長有什麼要 特別留意 ？

　　開放思維的特點在於沒有「好壞」和「輸贏」，而是對於各種可能性抱持開放態度。例如：當家長經常着眼於成績和名次，孩子關注的焦點也會一樣，以為成績就是生活的全部。久而久之，孩子便會為了好成績而忽略讀書以外的才能（如社交能力）。因此，家長應欣賞孩子各方面的才能，而非以成績來論斷孩子的能力，方能拉闊孩子的眼光，看到課本以外的世界，成為具有開放思維的人才。

參考資料

- Engel, S (2015). *The hungry mind: The Origins of Curiosity in Childhood*. Cambridge：Harvard University Press.

- Gobillot, E. (2007) *The Connected Leader: Creating agile organizations for people, performance and profit*. London： Kogan Page.

- Gottman, J. M., & DeClaire, J. (1997) . *Raising an Emotionally Intelligent Child: The Heart of Parenting*. New York: Simon & Schuster.

- Gottman, J. M., Katz, L. F., & Hooven, C. (1996). Parental meta-emotion philosophy and the emotional life of families: Theoretical models and preliminary data. *Journal of Family Psychology*, 10 (3), 243-268.

- McCrae, R. R., & John, O. P. (1992) . An Introduction to the Five-Factor Model and Its Applications. *Journal of Personality*, 60 (2), 175-215.

- Merton, R. K. (1948) . The self-fulfilling prophecy. *The Antioch Review*, 8 (2) , 193-210.

- Rosenthal, R., & Jacobson, L. (1968) . Pygmalion in the classroom. *The Urban Review*, 3 (1), 16-20.

- Wang, L., Lin, Y., Jiang, W., Yang, H., & Zhao, H. (2023). Does CEO emotion matter？CEO affectivity and corporate social responsibility. *Strategic Management Journal, 44* (7), 1820-1835.

- 葉蔭榮 (2002)。《全方位學習：延伸、擴闊、促進》。轉載於曾永康、洪楚英及朱惠玲合編 (2006)，《課外活動：探究與管理》。香港：中文大學香港教育研究所。

開放思維

6.2

幫助孩子脫離負面思想，轉換視角看待事情

普遍現象：
孩子陷入對極高自我的要求中，承受巨大壓力

有些孩子傾向完美主義，對自我要求特別高，給予自己沉重的心理壓力。若表現未能達到自己的要求，他們很可能會以懲罰自己的方式來減輕內心的痛苦。

例子：

一位老師發現了一名小六學生的前手臂上有些割傷的傷痕，便邀請她單獨傾談。學生與這位老師關係良好，也特別喜歡上這位老師的課，所以願意傾談。過程中，學生表示自己承受巨大壓力，她很想各科成績都有優越表現，考上出色的中學。她的父母在事業上都是很出色的人，身為他們的女兒，她認為自己也要同樣出色。她還認為自己的問題應該自己解決，所以一直沒有向父母傾訴。

只是每當表現未如自己預期，或者拖延時間不願溫習和做功課時，她會感到痛苦難當。在一次不經意的情況下，她發現身體的痛楚可以幫助她暫時緩解內心的痛苦，自此以後，每當她感到難以應付壓力時，便會使用不同方法傷害身體，例如：將雙手泡在冰水中、用物件的尖銳部位刮傷身體等。

學生與老師商量後，願意讓老師約家長一起面談。面談時，家長表示孩子一直都表現得積極主動，他們亦從不口出惡言來批評孩子，所以不明白為何孩子會感到壓力如此大，內心如此痛苦。然而，仔細觀察這個家庭的互動氛圍，老師不難發現家長的面部表情、肢體動作、談話聲線和語氣等都散發着無形的氣場，孩子在面談時一直不敢說話，與之前與老師傾談時暢所欲言的表現大有分別。

孩子出現狀況，很多時都與家人之間的互動有關。如果家長本身也有完美主義傾向，在日常生活中對自我有高要求，孩子便會潛移默化地接收類似的訊息，變得對別人的反應比較敏感，造成壓力。因此，孩子形成完美主義很可能與家庭壓力、自我期望、社會及媒體壓力有關（Elliott, Goldberg, & Price, 1999）。家長可以先留意自己及孩子固有的思想糾結，並學習運用脫離思想糾結的練習，從而幫助孩子培養出「開放思維」的特質。

培養技巧背後的理證

什麼是完美主義？

完美主義（perfectionism）是一種人格特質，特徵是追求完美無瑕，並為自己設定非常高的標準，同時傾向對自己和他人的行為過於挑剔（Stoeber, 2018）。完美主義可分為兩種類型：具適應性完美主義（adaptive perfectionism）和不具適應性完美主義（maladaptive perfectionism）。

- **具適應性完美主義**

簡單而言，具適應性完美主義的人對自己的表現有高要求，他們不怕困難、勇於嘗試、正面看待壓力、想辦法改善自己的弱項、推動自己進步以力臻完美（Suh et al., 2017）。

- **不具適應性完美主義**

不具適應性完美主義的人同樣對自己的表現有高要求，只是他們要求高的原因是害怕失敗或失望，他們會過度地自我批評及擔心別人如何看待自己（Stoeber & Otto, 2006），經常自責，覺得自己做得不夠好，並對自己抱持懷疑態度，即使努力達到了自己的要求也不會感到滿足和快樂。他們不懂欣賞自己，只會把自己的不足之處不斷放大，所以當目標未能達成時，他們會強烈地怪責自己。

有不同研究顯示，不具適應性完美主義與**抑鬱**（Cooks & Ciesla, 2019）、**焦慮**（Tyler et al., 2019）和**自尊感低落**（Taylor et al., 2016）等負面心理有關連。

2 發展出不具適應性完美主義的因素

其一，是家長對孩子的教養。有研究顯示，這與家長經常向孩子設定過高的期望、以高壓及控制性的方式教養孩子有關聯（Thomas & Bigatti, 2020）。而家長過度保護和照顧孩子，會大大影響孩子的成長，還塑造了孩子的價值觀、道德觀念、心態等。

其二，有研究發現，在一些高要求的學習環境，特別容易出現不具適應性完美主義的學生（Lewis & Cardwell, 2020）。

其三，在成長的過程中，一些孩子傾向將自己與兄弟姊妹、同齡的朋友和同學進行比較，透過不斷與人比較來尋求他人的肯定，避免被人忽視（Woodfin, Hjeltnes, & Binder, 2021）。

3 不具適應性完美主義者的特徵

這些孩子對自己要求過高，害怕失敗或令別人失望，以致產生很多負面的思想糾結；同時會挑剔他人的表現，因而阻礙了自己與他人合作的機會。不具適應性完美主義的孩子很可能會出現以下情況，包括：因為經常覺得自己所做的作業未夠好，而難以完成作業；經常覺得會失敗而感到強烈焦慮；對別人的說話高度敏感，容易認為是批評；犯錯時會感到極度沮喪；對感到艱難的任務採取拖延態度；經常自我批評，容易感到尷尬；難以做決定；對他人極為挑剔。

方法 **1** ## 了解固有的思想糾結

　　思想是怎樣呈現的？它有時以言語的方式在腦海浮現，例如：有些家長可能會想「你要考取滿分，不能出錯。」孩子或會想「我未能考到 100 分，我真是失敗。」思想有時以圖像的方式呈現，例如：有些家長腦海內可能會呈現小時考試成績差，被父母責罵的情境，而孩子腦海內可能會浮現父母看見自己測驗卷 90 分時，皺眉不悅的表情。

　　思想本身不是問題，真正的問題是想太多了，糾纏於思想之中。人的思想其實包含着很多**規則**（例如：如果我達不到爸爸媽媽的要求，我就是沒用的）、**理由**（例如：別人皺眉是因為我做得不好）或**判斷**（例如：我總是做得不好）。原本它們可指引人作出相應的行動，可是當一個人長年累月地不停執着於不同的規則、理由和判斷時，會容易陷入思想糾結和苦惱之中。

　　造成思想糾結的另一個原因，是沉溺在過去不愉快或痛苦的經歷之中，或擔心未來可能會出現的危險和威脅，結果越來越陷入思想的糾結之中，不能自拔。例如：有些家長執着於「一定要孩子成績卓越」、害怕「孩子成績不好將來便沒有前途」，這只會將自己的內心越綁越緊，生起焦慮的情緒。

　　孩子自小非常關注父母，他們對父母的反應很敏感，很容易吸收到爸爸媽媽的情緒。例如：當家長看見孩子的成績未如理想，即使口中沒有怪責，只是流露出不悅、失望的表情，對孩子來說，他們接收到的訊息可能是「我做得不夠好，我真是失敗，令爸爸媽媽失望。」

脫離思想糾結

　　家長有否發現自己或孩子正被思想所控制,甚至越纏越緊?家長和孩子可以嘗試運用以下方法,與糾結的思想保持距離。

認知解纏:留意自己的想法

步驟 1:留意腦海出現的任何一個負面想法,例如:「孩子表現不達我的標準,將來會沒有前途。」

步驟 2:在想法前加上「我有一個＿＿＿＿＿＿＿＿的想法」。

步驟 3:在想法前加上「我相信了＿＿＿＿＿＿＿這個想法」。

步驟 4:在想法前加上「我可以選擇相信或不相信＿＿＿＿這個想法」。

　　留意每完成一次句子後,腦海的思想糾結會否放鬆了一些?原本的想法對自己的影響會否漸漸減少?

靜觀練習:溪流上的樹葉

步驟 1:想像自己腳前有一條溪流,溪水慢慢地從左邊流到右邊,有大小不同的樹葉在溪水上流動。

步驟 2:想像溪水上的樹葉都盛載自己不同的負面想法,這些想法隨着溪水由左邊流到右邊,直至消失在眼前。

步驟 3:想像自己觀察溪水上的樹葉帶走自己的想法。

　　留意自己與腦內的思想糾結能否保持距離,並讓它漸漸遠去?

開放思維

方法 3 協助孩子發展成長心態

假如孩子從小被灌輸「只許成功，不許失敗」這種固定心態，自然會害怕失敗，因而表現得小心翼翼。這心態令孩子產生巨大壓力，失去探索生命和面對失敗的勇氣。相反，家長可以培養孩子建立成長心態，例如：留意並稱讚孩子在過程中所付出的努力和勇於嘗試的態度，讓孩子在面對失敗時願意汲取教訓，自我改善，繼續接受挑戰。

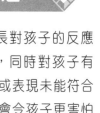

家長有什麼要 特別留意？

孩子會建立出不具適應性完美主義，往往與家長對孩子的反應有關。家長可能認為自己需要成為孩子完美的榜樣，同時對孩子有高要求，因而在親子之間產生壓力。如果孩子犯了錯或表現未能符合家長期望，不論是對孩子大聲指罵還是冷漠對待，都會令孩子更害怕錯誤或失敗。世上沒有一個人是完美的，家長若能接納孩子的局限和錯失，培養他們以開放的態度去應對錯誤和失敗，孩子就會感到安全和有力量去探索世界、與人合作及發掘事物更多可能性。

- Cooks, J. A., & Ciesla J. A. (2019) . The impact of perfectionism, performance feedback, and stress on affect and depressive symptoms. *Personality and Individual Differences, 146*, 62-67.

- Elliott, M., Goldberg, J., & Price, C. (1999) . *Perfectionism: what's bad about being too good?* (Rev. and updated ed.) Minneapolis, MN, Free Spirit Pub.

- Lewis, E. G., & Cardwell, J. M. (2020) . The big five personality traits, perfectionism and their association with mental health among UK students on professional degree programmes. *BMC psychology, 8* (1) , 54.

- Stoeber, J. (2018) . The psychology of perfectionism: Critical issues, open questions, and future directions. In: J. Stoeber (Ed.) , *The psychology of perfectionism: Theory, research, applications* (pp. 333-352) . Routledge/Taylor & Francis Group.

- Stoeber, J., & Otto, K. (2006) . Positive Conceptions of Perfectionism: Approaches, Evidence, Challenges. *Personality and Social Psychology Review, 10* (4) , 295-319.

- Suh, H., Gnilka, P. B., & Rice, K. G. (2017) . Perfectionism and well-being: A positive psychology framework. *Personality and Individual Differences, 111,* 25-30.

- Taylor, J. J., Papay, K. A., Webb, J. B., & Reeve, C. L. (2016) . The good, the bad, and the interactive: Evaluative concerns perfectionism moderates the effect of personal strivings perfectionism on self-esteem. *Personality and Individual differences, 95,* 1-5.

- Thomas, M., & Bigatti, S. (2020) . Perfectionism, impostor phenomenon, and mental health in medicine: a literature review. *International journal of medical education, 11,* 201-213.

- Tyler, J. M., Panichelli-Mindel, S. M., Sperrazza, C., & Levitt, M. F. (2019) . A pilot study exploring the relationship between perfectionism and anxiety in an urban middle school. *Journal of Psychoeducational Assessment, 37* (8) , 989-1001.

- Woodfin, V., Hjeltnes, A., & Binder, P. E. (2021) . Perfectionistic Individuals' Understanding of How Painful Experiences Have Shaped Their Relationship to Others. *Frontiers in psychology, 12*, 619018.

IB特質：具有愛心
Caring

學習者需表現出同理心、慈悲和尊重，他
們致力於服務他人，竭力對他人和周圍的
世界產生積極的影響。

「不一定要做什麼偉大的事，用心做好小事就足夠了。」

——德蘭修女

7.1

化解攻擊行為，
培養同理有愛的孩子

普遍現象：
孩子過於自我保護，
難以信任別人

在家庭中缺乏情感支持、愛和關懷，會使孩子欠缺安全感，並對他人抱持懷疑態度。他們難以信任他人，但同時渴望被關注，內心深處的矛盾、不安和恐懼會讓他們建立保護機制，以防止受到他人的傷害。因此，在與他人互動時，他們會保持距離，表現得冷漠和存有警戒心，甚至表現出封閉的行為。欠缺安全感的孩子也會展示敵意和具攻擊性的行為，以防止他人靠近並傷害他們。由於孩子傾向於自我保護，容易忽略他人的感受，因此難以表現出愛和同理心。

家長可以透過跟孩子建立安全的依附關係來增強孩子的安全感，讓孩子能夠發展「愛心」的 IB 性格特質。

例子:

5 歲的羚羚每次被工人姐姐送到幼稚園時,都會哭着要回家找媽媽。她對同學表現出敵意,一不如意就會動手推撞他人。她不願意和同學合作或分享,經常在課室大叫,也不顧他人感受。她還經常破壞玩具和損壞課室物品,希望引起關注。

 # 培養技巧背後的理證

1 安全感與依附關係

孩子的情緒行為往往受到家庭影響,英國著名心理學家 John Bowlby 於 1958 年提出孩子會視主要照顧者為他們的安全基地。當孩子有需要時,例如面對壓力、威脅或不安全的情況時,他們會尋求照顧者的愛護、關懷和支持,從而獲得安全感。若照顧者能夠為孩子提供情緒回應與支持,孩子會感覺受到關注和理解,這份信任與安全感有助孩子建立穩定的情緒基礎,與照顧者發展安全的依附關係。安全的依附關係讓孩子能自主探索世界和嘗試新事物,能夠同理和關愛別人,建立穩固的人際關係和情緒抗逆力,可見這對孩子的心理健康與成長發展影響深遠(Holmes, 2014)。

家長的教養方式對於孩子的依附關係和安全感有着重大影響，而家長的同理心也與子女的依附關係有正面關係（Doinita & Maria, 2015）。同理心是指能夠理解他人情緒和想法，感受到他人感受的能力。當家長能夠理解、感受並回應孩子的需要，安撫他們及提供情感支持，可助孩子對人建立信任和同理心，增強孩子的社交能力。

　　相反，若家長的教養方式冷漠、具威脅性、缺乏同理心，還忽視孩子的情感需求，便會容易建立不安全的依附關係，使孩子缺乏安全感，感到焦慮和不安，難以信任和愛他人。此外，這些孩子更可能表現出退縮、回避或攻擊性的行為，他們自尊感低落，難以表達和調節情緒（Joireman, Needham & Cummings, 2002; Stern et al., 2015）。假如孩子在童年時經歷過潛在的創傷事件，例如：被虐待、被照顧者拒絕、忽視和拋棄、目睹家庭暴力、失去親人等，都會容易構成持續的人際創傷。長期累積人際創傷有機會影響孩子與照顧者的依附關係，使孩子難以適當地表達情感和理解他人的需求，進而影響建立健康的人際關係和同理心（Cruz & Lichten, 2022）。

　　總括而言，孩子在愛和同理他人方面出現困難，往往源於他們缺乏安全感，難以和他人建立關係和表達愛。在上述例子，羚羚在幼稚園感到不安和焦慮，難以調節情緒，還表現出攻擊行為、不願意與他人分享，很可能因為她與照顧者未能建立安全的依附關係，所以缺乏安全感和同理心，沒法信任他人，因此阻礙了她與同學建立關係，展現愛心。

法1 建立親子連結：專注的聆聽和陪伴

　　家長可以多用心聆聽孩子的分享和話語，在聆聽過程中全神貫注地凝視孩子，傾聽他們表達的內容，用心去理解和感受其分享背後的想法、情緒和需求，避免指責、教訓、解釋或急於解決問題。真誠的聆聽和理解不僅能滿足孩子的情感需要，也讓他們學習如何表達情緒和聆聽他人，從而減少利用身體動作發洩情緒，促進他們的情緒發展和人際關係。

　　有質素的陪伴是滋養孩子心靈的重要良方。假如家長一心二用地陪伴孩子，陪伴時分心處理其他事務，孩子容易會感到被忽視，甚至因未有得到家長的關注而質疑自己的存在價值。家長可以多抽時間專注地與孩子對話和參與他們的遊戲。例如：在陪伴孩子玩遊戲時，心無旁騖，專心和細心地觀察他們，避免給予指導、批評或低頭看手機或電視，向孩子傳達「我在乎你、重視你、關心你、陪伴你」的訊息。透過這種陪伴方式，孩子能安心地去表達自己的經驗、需要和感受，與父母建立安全的依附關係，學會愛人。

法2 建立安全基地：透過溝通與孩子同理連心

　　家庭環境和親子之間的溝通互動，對孩子的社交情緒有着重要的影響，因此，家長宜多關注孩子的需要，用言語和行動表達對他們的關愛。每個孩子都是獨特的，即使面對相同的狀況，他

們也會有不同的想法、感受、經驗和願望。因此,家長可先聆聽孩子的想法,觀察他們的行為,理解和感受孩子的情緒,然後站在他們的視角去回應孩子,經由充滿同理心的溝通,讓他們感到被理解,能與父母產生共鳴。這樣可以增強親子之間的信任,使孩子學會相信和同理他人,並建立愛的品格。

舉一個例子,家長觀察到孩子的情緒時可以說:「我見到你用力推開弟弟,因為他取走了你的玩具車,所以你推開了他。」在感受到孩子的情緒後可以說:「你覺得很生氣,因為弟弟取走了你心愛的玩具車,而當你很想取回時卻遭到他拒絕,所以你有點不知所措。」在理解孩子的想法後可以說:「因為這是婆婆送給你的生日禮物,你覺得很珍貴,所以你不願意把玩具車分享給弟弟玩。」或者在明白孩子的需要時說:「你希望媽媽幫你取回屬於你的玩具車,對嗎?」

家長不妨多些肯定孩子的價值,告訴孩子很重視和在乎他們,並會陪伴他們面對不同事情。例如說:「我非常重視你的感受」、「我非常愛護你」或「無論發生什麼事,我都會陪着你」,甚至給予孩子一個簡單的擁抱,讓他們感覺到關愛與肯定。

有時,孩子可能無法立即說出他們的感受,但透過觀察孩子的肢體動作、非語言表達和習慣的改變,家長可以更好地了解他們的想法和感受。家長可試着代孩子表達他們的感受,例如說:「我看到你握緊了拳頭,你一定很憤怒了。」換句話說,當家長在孩子有負面情緒時同理並安撫他們,成為他們的安全基地,能讓孩子感受到家長的重視和愛護,能安心去信任和依靠家長。這種安全基地能讓孩子放心地敞開心扉去表達自己。當孩子的內在需求得到滿足時,他們的內在力量就能建立起來,也能更有力量去愛

護和同理他人，不再需要透過攻擊行為來表達自己的不滿或需求，並促進建立安全依附關係。

方法 3 建立正向親子關係：「強項為本」教養方式

　　強項為本的教養方式（strength-based parenting）對於建立孩子的安全感、培養愛心與同理心具有重要作用。在傳統教養中，家長傾向以高壓的方式教育孩子，着眼於孩子不足的地方，亦將孩子成長過程中的「不恰當選擇」視為問題，側重於孩子是否符合自己期望及挑出他們的錯處。強項為本的教養方式奠基於正向心理學發展而成，鼓勵家長多關注孩子的情感需要，在生活及學習上培養孩子的品格強項，並運用個人的強項去支持自己及別人的成長，建立正向的親子關係（Waters, 2017）。

　　強項為本教養方式建議家長多留意孩子的主要強項和擅長的事情，幫助孩子在生活中發揮強項，提升他們的自我價值。假如孩子做錯事，例如說謊，但願意認錯時，家長可以運用同理心去聆聽和回應孩子行為背後的情緒和想法，並欣賞孩子有發揮勇於承認錯誤的「勇氣」品格強項，如此，孩子會感受到被接納和被愛，肯定自我價值。家長可培養孩子「正直」和「愛心」的品格強項，鼓勵他們要誠實，並多關心身邊人的感受。孩子得到家長持續的接納和肯定，便能感受到被愛，懂得接納和關愛他人。這個教養方式也適用於家長自身，家長也可多欣賞和肯定自己，善用自身的強項去教養孩子，這樣才能加強教養信心，有力量去培養出具愛心和同理心的孩子。

具有愛心

家長有什麼要 特別留意 ？

家長在照顧孩子的同時要先照顧好自己的情感和需要。在育兒過程中，家長難免會感到疲憊、有壓力，無法時刻滿足孩子的身心需要。然而，犯錯是無可避免的，這並不代表自己是失敗的父母，或者不完美。當家長能夠多關懷、接納和寬恕自己，並試着對自己保持溫柔和理解，避免自我批評，才可以有更大的心理空間去愛孩子，讓孩子感受到愛，學習到如何同理和愛別人。

另一方面，孩子的情緒行為受家庭環境影響，建立安全的依附關係對孩子的心理健康和成長至關重要。家長可以通過專注聆聽、專心陪伴、同理回應孩子的需要，以建立安全的依附關係。實踐正向教養也能培養愛心及仁慈等品格強項，有助孩子建立安全而穩定的情緒基礎、自信心和社交情緒能力，從而減少攻擊和破壞性行為，建立同理心及良好的人際關係。

參考資料

- Cruz, D., & Lichten, M. (2022). Developmental trauma: Conceptual framework, associated risks and comorbidities, and evaluation and treatment. *Frontiers in Psychiatry*, *13*, 800687.
- Doinita, N. E., & Maria, N. D. (2015). Attachment and parenting styles. *Procedia-Social and Behavioral Sciences, 203*, 199-204.
- Holmes, J. (2014). *John Bowlby and attachment theory*. Routledge.
- Joireman, J. A., Needham, T. L., & Cummings, A. L. (2002). Relationships between dimensions of attachment and empathy. *North American Journal of Psychology, 4* (1), 63-80.
- Stern, J. A., Borelli, J. L., & Smiley, P. A. (2015). Assessing parental empathy: A role for empathy in child attachment. *Attachment & human development, 17* (1), 1-22.
- Waters, L. (2017). *The strength switch: How the new science of strength-based parenting can help your child and your teen to flourish*. Penguin.

讓孩子在充滿愛的家庭氛圍中成長

普遍現象：
隨着孩子成長，他們的情緒越來越不穩定

當孩子由初小升至高小，其中一個常見的現象，是孩子越來越少與爸爸媽媽溝通，情緒也可能變得不穩定。

例子：

一個讀小五的孩子，她的父母都是專業人士，家長帶她來見我時，他們均表達對孩子的憂心，指出孩子本來在家已話不多，與同學相處也常有衝突，例如：完全不接受別人的批評、對朋輩漠不關心、為人較為自我中心等。升上高小後，孩子對學習欠缺動力，欠交功課的情況越來越嚴重，孩子連爸爸媽媽的提問也不回應，甚至大發脾氣。家長表示自問對孩子疼愛有加，事事為孩子安排好，孩子卻越來越不懂得尊重和關心別人，家長對孩子的問題實在不知從何入手。

家長可以先從了解自己的教養方式着手，孩子的行為和情緒健康往往與家長的教養方式息息相關。家長若能覺察自己與孩子的互動情況，調整更合適的教養方式和態度，將有助改善親子關係，同時也能培養孩子同理心、慈悲和尊重人的特質。

具有愛心

培養技巧背後的理證

1 過度保護的教養方式

　　過去已有研究顯示，家長不同的教養方式與孩子的行為和情緒健康有關（Baumrind, 1965；Baumrind, 1991）。近這 20 年，媒體會稱呼以過度保護方式教養孩子的家長為「直升機家長」，即家長對孩子當下的學業和未來的個人成就有着很高的期望和要求，因而過度干涉孩子生活各個層面（Levine, 2006；Nelson, 2010）。

　　現代社會着重精英制度，人們努力追求成功，營造了高競爭和高壓力的氛圍，同時難以接受失敗。受到這些因素影響，家長本身的焦慮很可能會轉嫁給孩子，他們會專注於保護孩子並努力確保孩子的成功，還會經常預想孩子會遇到的問題。無論孩子是否有提出要求，他們都會竭盡所能地為孩子解決所有問題及鋪平孩子未來的道路。

　　這些家長為了防止出錯，以免孩子的前途受到影響，會為孩子作出所有決定，而孩子只需要跟從指示去做便可以。家長會不斷監督孩子的進度，以確保孩子能取得他們心目中預期的效果。過度保護的教養方式可能會為孩子帶來一些好處，例如：在家長的嚴厲督促之下，孩子或許能夠考得優秀成績。然而，家長長時間過度監督、干預和控制，會剝奪孩子本身應發展的能力（如同理心和尊重他人等），對孩子的身心發展造成長期的心理影響。

② 缺乏自主性

根據著名心理學教授 Edward Deci 和 Richard Ryan（1991）提出，自主性即根據個人的心理需求，激勵自己朝向能滿足這心理需求的情境和經驗，自發性地行動。如果家長凡事都為孩子做決定、為孩子解決問題、提供最好的安全防護網，表面上雖然幫助孩子更順利地達成目標、避開挫折失敗，但實際上卻剝奪了孩子表達內心想法和感受的自主性，也令他們沒法理解他人的想法和感受。

長遠來說，孩子不但會欠缺獨立自主的能力，也沒法體會他人感受，面對任何情況都會習慣性地傾向被動，覺得自己對目前情況沒有責任，更無法控制這情況，因此一旦遇上困難，孩子會依賴爸爸媽媽或其他人幫忙。

③ 自信心不足及自我效能感低落

家長以過度保護的方式去教養孩子，其中一個原因可能是家長無法相信孩子有能力解決問題，久而久之，孩子也傾向懷疑自己，害怕表達想法和感受。有研究指出過度保護的教養方式可能會令孩子對自己解決日常問題的能力沒有信心（Creveling, Varela, Weems, & Corey, 2010）。另一項研究顯示，被家長過度保護的孩子學業成績較差，對校園生活的適應能力也較弱（Darlow, Norvilitis, & Schuetze, 2017）。

具有愛心

④ 情緒上的問題

　　為了避免有任何風險或出錯，確保孩子安全及順利成長，家長會預先想像各種危險狀況，例如：孩子在社交網上會認識到壞朋友，因此限制孩子的活動。他們還會過度入侵孩子的生活，例如：偷看孩子的日記、檢查孩子的電話和短訊、在孩子不為意時突然出現以查看孩子在做什麼等，這些行為都會讓孩子感到一直被爸爸媽媽監視。

　　除了限制孩子活動上的自由，家長亦會在成績方面制定一系列的要求，例如：要求孩子必須入讀精英班、不准孩子和成績較差的同學做朋友、每天放學後要上不同的補習班等，家長還會不斷提醒孩子每天必須要完成的事。

　　隨着年齡增長，爸媽的過度保護和操控會令孩子感到厭煩和鬱悶，而爸媽對學業成績的過高期望，也會使孩子感到壓力過重，甚至導致焦慮和憂鬱（Rapee, Schniering, & Hudson, 2009）。

⑤ 較難與人建立及保持關係

　　根據心理學家 John Bowlby（1907-1990）的依附理論，孩子在幼兒期與照顧者的互動模式，會對孩子的自我價值感和日後的人際關係產生深遠的影響。如果爸媽願意用心聆聽孩子的內心感受和想法及作出合適的回應，讓孩子感到安全，從而建立到一種健康的依附關係，可以幫助孩子日後與人建立及保持穩定而良好的關係。如果孩子長期經歷批評和指責的負面依附經驗，可能會導致孩子發展出不安全的依附模式，對自己以及與人互動時產

生負面的看法，在人際關係中表現出過分依賴或迴避，難以與人建立或維繫關係。

6 培養孩子同理心的重要性

培養同理心能讓孩子換位思考、體諒別人，從而作出關懷別人的行為，加強孩子與人的結連（Decety, Bartal, Uzefovsky, & Knafo-Noam, 2016），並促進他們與人溝通的能力（Moudatsou, Stavropoulou, Philalithis, & Koukouli, 2020）。擁有同理心的人往往會感到較少壓力，也不容易抑鬱，對生活更滿意，在人際關係中得更大快樂（Chow, Ruhl, & Buhrmester, 2013）。

其實，同理心不只是與生俱來的特質，還可以經由後天培養出來的。在日常生活中，孩子透過與父母互動及觀察父母的行為來學習同理心，因此家長可以在與孩子的相處中作出改變，即使是很小的改變，也可能大大影響了孩子同理別人以及與人溝通相處的質素。

培養良方

大部分家長只是擔心孩子面對困難時未能靠自己能力去解決，所以才會想要幫助孩子盡量移除在人生路上遇到的風險和挫折，協助孩子成功。這些家長經常替孩子處理生活中的事情，特別是學業方面，例如：將孩子讀書的責任加諸在自己身上、不自覺地介入學校事務、為孩子安排各種學習活動等。當孩子表現不

如家長預期或未能跟上同學的進度，他們往往比孩子更不安和難過，甚至出現持續性情緒低落或睡眠困難。

家長要先辨識自己的身心狀態。過度保護孩子的家長投注大量的精神、時間和關注在孩子身上，以為給予越多關注，對孩子越好，可是持續在孩子的事情上耗費心力，會令家長身心承受極大壓力，長期處於擔憂、焦慮的狀態。

更可惜的是，家長付出這麼多心力養育孩子，但到頭來，孩子未必能按照家長的心意去做，家長越想控制、捉緊孩子，孩子就越想逃離家長身邊，彼此關係每況越下。家長甚至不斷干預孩子生活各個層面，這其實也在剝奪孩子體驗生活、與人相處及發揮自己解決自身問題的機會。

如果家長發現自己有上述情況，不妨嘗試作出以下改變，或能幫助改善親子關係，營造良好的溝通氛圍，讓孩子有空間表達想法和感受，同時培育出孩子對人的同理心、慈悲和尊重。

﹝方法 1﹞ 建立安全感

如果家長慣於以命令或批判的方式與孩子溝通，孩子只會感到恐懼、羞愧、內疚或壓力，長此下去，孩子一聽到家長說話便會感到灰心、厭煩，甚至心生怨恨，逐漸減少與家長溝通，令彼此的隔閡增加。

若想作出改善，家長可以改變舊有的表達和聆聽方式，放下固有的主觀想法和判斷，只是純粹地聆聽孩子的話語，嘗試仔細觀察和感受孩子的需要。家長未必全然知道孩子的內在需要，但只需要專注而有耐心地聆聽，不急於提出意見或判斷孩子的想法，透過一次又一次這樣深度的聆聽，讓孩子感受到被尊重、關心和

理解，幫助孩子建立對父母的信心和安全感，再經由引導，慢慢可以誠實而清楚地表達自我。

方法 2 ## 給予空間讓孩子面對挫折

　　沒有人總是一帆風順，每個人都會經歷挑戰和困境。如果孩子一遇到困難，家長就即時替孩子處理，家長將會處理越來越多關於孩子的事情，令自己感到巨大壓力之餘，孩子也未能學習到自己去解決問題，令孩子每每遇到問題便不知所措，要依賴家長去幫忙解決。

　　家長可以給予孩子自行處理問題的機會，耐心讓孩子嘗試，從錯誤中慢慢摸索出合適的方法，當孩子來尋求家長的幫助時，家長可引導孩子思考可行的方法，讓孩子感受到爸爸媽媽的關心和尊重，幫助孩子逐漸從不知道怎麼處理，到慢慢學習解決問題，讓孩子在未來即使面對不同困難也有信心去應付，增強孩子的抗壓能力。

方法 3 ## 願意學習慢慢退下來，信任孩子

　　培養孩子同理心和解決問題的能力是一個過程。當孩子每天都在成長和學習時，同時也是家長在學習慢慢地往後退的過程。家長一方面保持良好的家庭溝通氛圍，與孩子持續連結；另一方面家長可因應孩子的年齡階段和能力，學習慢慢放手，讓孩子接手處理自己的問題。這個過程讓孩子感受到父母對自己的體諒、尊重和支持，慢慢鍛煉出處理困難的能力，與此同時，也鍛煉家長對孩子的信心。

具有愛心

家長有什麼要 特別留意 ？

在現今社會，身為家長最困難的地方，可能不是撫養孩子長大，而是在孩子的成長過程之中，如何在保護孩子與幫助孩子獨立之間取得平衡。

家長要明白自己總不能永遠監督孩子、凡事替孩子解決，這會令孩子失去了解自己的機會以及發展解難的能力，同時又未能理解他人的情感和需要，因而在與人相處上也可能會出現困難，甚至會對家長感到懼怕和厭煩。

家長可以適時調整更合適的教養方式和態度，建立安全的氛圍，讓孩子感受到爸爸媽媽對自己的尊重和關愛，改善親子關係，這樣孩子才能安心地表達自己的感受與看法。同時，家長亦可以學習放手，在安全的範圍內讓孩子嘗試體驗不同經歷，接納孩子在成長過程中可能會經歷多次失敗，讓孩子鍛煉自己，增加抗壓能力，學習獨立自主地處理事情。孩子也能透過父母學習體諒和尊重他人，有助建立同理心及良好的人際關係。

Baumrind D. (1965) . Parental control and parental love. *Children, 12* (6) , 230-234.

Baumrind, D. (1991) . The influence of parenting style on adolescent competence and substance use. *Journal of Early Adolescence, 11* (1) , 56-95.

Bowlby, J. (1988) . Attachment, communication, and the therapeutic process. *A secure base: Parent-child attachment and healthy human development*, 137-157.

Chow, C. M., Ruhl, H., & Buhrmester, D. (2013) . The mediating role of interpersonal competence between adolescents' empathy and friendship quality: A dyadic approach. *Journal of Adolescence, 36* (1), 191-200.

Creveling, C. C., Varela, R. E., Weems, C. F., & Corey, D. M. (2010) . Maternal control, cognitive style, and childhood anxiety: a test of a theoretical model in a multi-ethnic sample. *Journal of family psychology: JFP: journal of the Division of Family Psychology of the American Psychological Association (Division 43) , 24* (4) , 439–448.

Darlow, V., Norvilitis, J.M., & Schuetze, P. (2017) . The Relationship between Helicopter Parenting and Adjustment to College. *Journal of Child and Family Studies, 26*, 2291-2298.

Decety, J., Bartal, I. B., Uzefovsky, F., & Knafo-Noam, A. (2016) . Empathy as a driver of prosocial behaviour: highly conserved neurobehavioural mechanisms across species. *Philosophical transactions of the Royal Society of London. Series B, Biological sciences, 371* (1686) , 20150077.

Deci, E. L., & Ryan, R. M. (1990). A motivational approach to self: integration in personality. *Nebraska Symposium on Motivation. Nebraska Symposium on Motivation, 38*, 237-288

Levine, M. (2006) . *The price of privilege: How parental pressure and material advantage are creating a generation of disconnected and unhappy kids*. New York: Harper.

Moudatsou, M., Stavropoulou, A., Philalithis, A., & Koukouli, S. (2020) . The Role of Empathy in Health and Social Care Professionals. *Healthcare (Basel, Switzerland) , 8* (1) , 26.

Nelson, M. (2010) . *Parenting out of control: Anxious parents in uncertain times*. New York: University Press.

Rapee, R. M., Schniering, C. A., & Hudson, J. L. (2009) . Anxiety disorders during childhood and adolescence: origins and treatment. *Annual review of clinical psychology, 5*, 311-341.

第 8 章

IB特質：勇於嘗試
Risk-takers

學習者需要對不確定性保持深思熟慮和決心，能夠獨立、與他人合作一起探索新的思想和創新策略。在面對挑戰和變革時，富有機智和適應能力。

「除非你有勇氣抵達看不到岸的彼端，否則你永遠無法跨越海洋。」

——意大利航海家　哥倫布

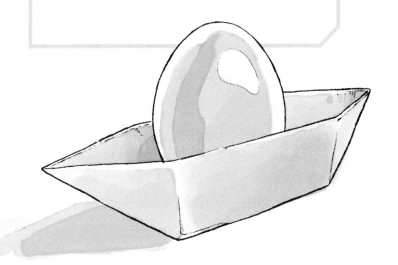

以「勇敢面對失敗」為起點，參與各式活動

普遍現象：孩子表現得畏縮不前、害怕失敗

聯合國教科文組織給「國際人才」（identities of global citizenship）下了定義，認為這些人才需要擁有 16 個特質，當中包括「個人信心」及「個人的冒險挑戰」。

那麼，香港的學生符合國際人才的條件嗎？暫時沒有相關數字，但不妨參考 2019 年國際學生能力評估計劃（PISA）公布的全球學生「害怕失敗指數」（index of fear of failure），結果是由亞洲地區囊括了頭幾位的名次，香港學生亦名列前茅，整體平均指數與日本及新加坡不相上下，反映亞洲教育忽略了「面對失敗」這個重要的成長元素，長遠來說會降低孩子嘗試的勇氣，甚至令孩子錯失各種培養國際意識的機會。

例子：

　　11 歲的小江成績很好，自信心卻很低。每次老師問問題，他都知道答案，卻因害怕答錯而沒有舉手。當老師鼓勵他時，他說自己很怕犯錯，寧願不回答問題。因為害怕成績退步，小江除了讀書外，沒有參加任何課外活動。本來老師在班上挑選成績好的學生到外地交流，小江也是候選學生之一，卻因為平時的表現太被動而落選了。

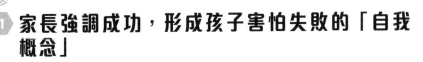

培養技巧背後的理證

 家長強調成功，形成孩子害怕失敗的「自我概念」

　　著名心理學家 Carl Rogers 早於上世紀 50 年代提出有關「自我概念」的理論，他認為一般人都有「現實自我（real self）」及「理想自我（ideal self）」兩個自我概念。

　　當「現實自我」與「理想自我」相符或接近一致時，我們對自己會較滿意，自我評價及自尊感也會更高。相反，當兩者有較大差距時，我們會因為做不到理想中的自己而產生負面情緒，自我評價較低，甚至影響心理健康。以下看看兩者的分別。

- **現實自我：**我們從現實中審視自己的看法，即自我形象，例如：我是一個普通的小孩子。

- **理想自我：**我們和身邊的人希望自己成為的樣子，例如：我希望自己品學兼優。

然而，很多家長也會無意中拉遠兩者的差距，例如：經常比較或貶低孩子的能力。我不只一次聽家長說：「這次考試滿分，不代表以後也會滿分，你要努力保持這成績。」長久下去，孩子建立的「理想自我」必需長期處於成功位置，一旦遇到失敗，便會差生很大的挫敗感，自尊感亦會一落千丈。

以小江的個案為例，經了解後發現縱使他能力很好，卻因為父母對他成績要求很高，無論他多麼努力，也好像沒法追趕到「理想自我」。在這種環境下成長，孩子很容易產生焦慮，個性變得害怕失敗和退縮。

② 着重過程，勇於挑戰

小江這種因為害怕失敗而變得被動的孩子，在香港的學生中俯拾皆是，究其原因，主要是亞洲家長常常強調結果所致。家長經常表示自己很少讚賞孩子，只有在孩子取得好成績或拿到獎項時，才會加以讚許，例如：「你真棒」、「你真是聰明能幹」等等，殊不知這樣的讚賞，卻令孩子衍生「只有取得成功才能獲得認同」的想法，因而害怕失敗，不敢挑戰新事物。那麼，家長該如何讚美孩子才能使他們變得勇敢？

在美國史丹福大學著名心理學家 Carol Dweck（1999）的實驗中，兩組孩子要完成簡單的功課。做完功課後，工作人員會稱

讚第一組孩子的天賦才能，例如：「你做得太好了，你一定很聰明。」而第二組孩子，稱讚的焦點側重於過程，例如：「你做得太好了，你一定付出了很多努力。」然後，孩子可以自由選擇下一輪要做簡單或困難的功課，結果大部分第一組孩子都選擇繼續完成簡單的功課，而第二組有超過九成的孩子都選擇挑戰自我，揀選了困難的功課。

換言之，如果孩子在過程中的努力受到家長注重，則容易培養出願意接受挑戰的心態；相反，如果只把結果連結到孩子的能力，孩子便容易傾向着重好成績而避免冒險了。

培養良方

法1 提供「建設性失敗」的機會

要讓孩子學會勇於嘗試，家長需要提供適當的失敗教育，包括容許孩子失敗和犯錯，讓孩子有機會承認失敗和錯誤。家長還要引導和鼓勵孩子面對挫敗感，和孩子一起評估自己失敗或錯誤的原因，避免重蹈覆轍，也要由孩子承擔由失敗或錯誤所帶來的自然後果。因此，適當的失敗教育可以拉近「理想自我」和「現實自我」的距離，讓孩子接納不完美的自己，並勇於接受挑戰。

近年，教育界提倡一種新穎的教育方法──「建設性失敗」（productive failure）。這種方法提倡家長或學校設計失敗經驗，例如：讓孩子接觸從未試過的挑戰或沒學過的概念，以協助他們經歷恰當的挫敗感，體會到即使做不到也沒關係，還能促進創意和處理問題的能力。

勇於嘗試

在香港，曾有機構舉辦「失敗博物館公眾展覽」。許多學校也進行了一系列教學活動，如「失敗周」、「失敗日」、「挫節」，內容包括觀看電影和分享心得、小組任務、模擬節慶禮儀等，讓學生親身體驗、承認和面對「失敗」，繼而思考和嘗試適當的應對方法。我曾和學生一同參與紙飛機設計，一起嘗試用不同方法設計出能飛得更遠的紙飛機。即使經歷多次失敗，學生仍鍥而不捨，他們的自信心也隨着這些紙飛機飛得更高更遠。

在日常生活中，家長可以實行失敗教育。例如，假如孩子在運動比賽中輸了，家長可以這樣做：

- 認同他因挫敗而感到失望的情緒，並表現出接納和關懷，例如說：「我明白到你付出努力卻沒有得獎，一定很失望，媽媽會陪着你面對的。」

- 和他一起分析輸掉比賽的原因，例如：練習不足、身體狀況未如理想、對手太強等。

- 為日後比賽規劃時，焦點應放在突破自己，而非輸贏。

方法 2 家長以身作則，示範跨出舒適圈

小江被動且怕失敗的性格，除了因為家長期望過高外，亦與他們的身教有關。小江父母的生活離不開工作，下班回家後只顧着玩手機，放假也離不開電腦。他們向我投訴小江經常玩電子遊戲，不主動學習，而小江的表現確實不像一個孩子，他既沒有幹勁，對生活也沒有熱誠，更遑論主動學習考試範圍以外的事情。

另一方面，小江反過來向我投訴讀書很悶，家裏也沒有人陪他玩，只有玩遊戲可以為他的生活帶來一點樂趣。看到這裏，聰明的讀者應該看出問題所在了。

我也接觸過另一類家長，他們積極學習育兒技巧，有時間還會建立自己的興趣，如學插花、練瑜伽等。即使平日要上班，他們也會趁假期帶孩子去做義工，如清潔海灘、探訪老人等，也會帶孩子去爬山、體驗歷奇活動等。這些家庭的孩子雙眼有神，活力十足，即使玩電子遊戲亦不會沉迷，因為他們的生活多姿多彩，比小小的屏幕有趣多了。

法 3 擴闊眼界，讓孩子看到不一樣的風景

在亞洲地區，不論家長還是孩子，也很容易聚焦在學業成績上。相反，在其他地區，會發現很多孩子在讀書以外，還有很多不同的學習焦點，例如：運動、藝術、辯論、寫作……相對於着重名次，這些孩子的家長似乎更關心孩子有沒有好好發揮自身特質和培養興趣。在這樣的環境下，孩子更勇於表達自己的想法，作出大膽的嘗試，願意與他人溝通，而這不正正是國際人才所需要的特質嗎？

因此，家長下次挑選旅遊地點時，除了考慮購物及美食外，可以想想到一些與香港截然不同的地方，旅遊之餘亦可擴闊孩子的眼界，讓他們除了看着書本和電子屏幕外，還可看到更廣更闊的天空。

家長有什麼要 特別留意 ？

　　如果孩子比較敏感或內向，有可能是對未知事物容易感到擔心和害怕。遇到這種情況，請家長記着「鼓勵但不強迫」的原則，讓孩子一步一步慢慢來。即使他現在未能踏出第一步，家長也可以接納他恐懼的情緒，並鼓勵他下次再嘗試。就算不成功，也毋須太介懷，或與他人比較。請相信只要孩子在成長過程中，得到家長充分的愛和無條件的接納，便能建立足夠的自信心。時機一到，他們便能勇敢地接受挑戰，振翅高飛。

參考資料

- Dweck, C. S. (1999) . Caution–Praise Can Be Dangerous. *American Educator, 23* (1) , 4-9.
- Javidan, Mansour & Walker, Jennie. (2012) . A whole new global mindset for leadership. *People & Strategy, 35*, 36-41.
- Kapur, Manu (2012) . Productive Failure in Learning the Concept of Variance. *Instructional Science, 40* (4) , 2727-2732.
- Klahr, D., & Nigam, M. (2004) . The equivalence of learning paths in early science instruction: Effects of direct instruction and discovery learning. *Psychological Science, 15* (10) , 661–667.
- Rogers, C. (1959) . A theory of therapy, personality and interpersonal relationships as developed in the client-centered framework. In S. Koch (Ed.) , *Psychology: A study of a science Vol. 3: Formulations of the person and the social context.* New York: McGraw Hill.
- OECD (2019) . *PISA 2018 Results (Volume III) : Students' Well-Being.* Paris: PISA, OECD Publishing.
- UNESCO (2015) . *Global Citizenship Education: Topics and Learning Objectives.* Paris: UNESCO. Retrieved from http://unesdoc.unesco.org/images/0023/002329/232993e.pdf

積極培養孩子嘗試新事物的勇氣，以面對陌生環境

普遍現象：
孩子未能適應新環境，父母也不知道應如何是好

不少孩子來到陌生的地方，都會出現不適應的情況，變得抗拒、膽怯，不願邁出嘗試的腳步。

例子：

媽媽幫4歲的美美報名參加了社交技巧訓練班，進入遊戲室前，她開始拉着媽媽不願前行。媽媽問她怎麼了，她便把頭低了下去。眼見其他小朋友及家長都陸續進入遊戲室，她還是站在門外，低着頭不肯進入遊戲室，媽媽不知道應該帶美美離開還是留下，而留下來的話，又可以怎樣鼓勵她嘗試才好呢？

看見這情況，我便鼓勵媽媽，可以運用這些「充滿挑戰性」的機會，跟孩子練習「勇於嘗試」的特質，而媽媽也可以實踐這個特質。

培養技巧背後的理證

 ## 孩子需要大量安全感

面對新事物時，要培養孩子擁有勇於嘗試的能力，家長宜先了解孩子在新環境的心理狀態。先來看看以下馬斯洛需求層次論（Maslow's Hierarchy of Needs Theory）的金字塔。

馬斯洛需求層次論

超自我
實現需求

自我實現需求

尊嚴需求
（尊重和自尊需求）

社交需求(愛與隸屬)

安全需求

生理需求

根據這個理論，除了基本生理需要外，孩子對安全感的需求比起社交需來得更重要，也就是說孩子要先獲得足夠的安全感，才能更順利地在生活中作出嘗試。而且根據心理學家 John Bowlby（1969）的依附理論，孩子自小會與最少一名照顧者（一般是父母）建立信賴關係。到了 3 至 5 歲階段，孩子需要打破從小與照顧者為一體化的概念，在心理上進行身分認知的調整，適應自我為個體。因此，孩子能過渡到意識到自我的階段，都有賴於他們嘗試新事物時感受到了安全感。

2 安全感與家長心理狀態環環相扣

美國心理學家 Edward Tronick 的「靜止臉實驗」（still face experiment）帶出家長的臉部表情與孩子的安全感有很大關連。實驗中的孩子為 2.5 歲，這個實驗透過媽媽不同的表情，測試家長正面臉部表情對孩子的重要性。結果顯示，如果媽媽面無表情，孩子會嘗試令媽媽展露笑容，但如果媽媽持續面無表情，孩子便會停止微笑，也不玩玩具。如果媽媽展現笑容，表示沒問題，讓孩子放心，孩子便會面露笑容，也會想玩玩具。

這個實驗帶出了孩子與家長的心理狀態緊緊相扣，而孩子深深信賴家長所作的決定，家長可好好利用這優勢培養孩子。

勇於嘗試

方法 **1** 同理孩子面對陌生環境感到不安

　　根據孩子的需求層次論，孩子到了陌生環境或面對陌生人時，都需要安全感是正常不過的。不安的情緒一旦遭到家長否認，可能會令孩子壓抑情緒，覺得自己不應該感到不安，因而更加焦慮。在上述例子中，媽媽曾嘗試正視及肯定美美的情緒，希望美美說出情緒字眼，例如：「我很驚慌」、「我很緊張」等，但是美美未能做到。遇到這種情況，媽媽可指出孩子的身體狀況，提供情緒字眼選項，例如：「美美，媽媽看到你呼吸和步伐都有點急促，你是感覺到害怕、不安嗎？」

　　正視的態度不會令美美增加情緒，反而讓她習慣情緒的到來。家長應留意，強迫孩子適應環境，或以負面形容詞（如沒禮貌、真是害羞等）去描述孩子暫時未能適應環境的行為或反應，難以提升孩子的安全感。媽媽可以對現場其他人說：「美美需要更多時間去適應」、「她正在努力觀察周圍」，緩解他人可能對美美現場反應產生的誤解，然後繼續嘗試以下培養技巧。

　　有不少包括美美媽媽在內的家長反映，其實在陌生地方面對孩子的焦慮，自己也不免感到緊張。孩子會感受到家長的情緒，所以我提醒美美媽媽，她要先感到自在，並信任女兒，才能給美美提供足夠的安全感。

方法 **2** 引領孩子運用觀察技巧放鬆下來

　　美美媽媽聽取了處理情緒的建議後，找了一個安全和隱蔽的

位置，讓美美深呼吸放鬆下來，然後觀察環境。媽媽引導美美留意所在空間的「時、地、物、人、事」，由美美慢慢說出：「我現在（時）在遊戲室（地）看到很多玩具（物）和小朋友（人），小朋友都在聽從姐姐的指示玩遊戲（事）」。等到美美開始放鬆下來時，便從身邊的「物」開始嘗試接觸，例如牆壁、身邊的椅子等，同時讓遊戲室的導師在旁陪伴，媽媽可以慢慢引導美美把對「物」的接觸，延伸到導師身上，直至孩子與導師建立信任。媽媽在原處陪伴等侯，讓美美可以看見媽媽，當她感到這個地方是安全後，便會對四周作出更多探索。

方法 3 把探索行為分拆成不同步驟

如果每次到陌生環境，家長和孩子都要進行以上的適應步驟，可能會比較花時間和力氣，所以能培養到美美對探索過程越來越純熟，是媽媽的目標。對美美來說，媽媽協助她把探索行為分拆成步驟（break into tasks），比起一口氣完成整個適應過程來得容易。更重要的是，媽媽了解到，每當美美嘗試做到一個步驟便獲得讚賞，能夠增加她的成功感，協助她更容易在社交場合中建立自信，並能勇於嘗試。在陌生情況下，媽媽可以把孩子的探索過程分成以下步驟：

眼神接觸 ➡ 做出手勢（例如揮手）➡ 身體向前走，與父母有距離 ➡ 與人有身體接觸（例如握手、拍掌）➡ 用語言打招呼

經過兩次的課前探索，美美能夠做出上述部分步驟，而媽媽

會稱讚美美，例如說：「美美，你剛剛不僅勇敢地望着別人的眼睛，還揮了手，讓對方知道你打在招呼，媽媽欣賞你的勇氣！」就算美美的眼神接觸一開始維持不了太久，而舉手也只是輕輕揮手，但只要願意嘗試，媽媽都會以讚賞、認同作為獎勵以強化美美的行為。這次上課時，媽媽試着延遲獎勵，拍拍她的肩膀提示她可向前走，等美美能夠離開自己一段距離時，便馬上給予讚賞。透過這種練習，美美實踐出勇於嘗試的態度，並應用於其他場合當中。孩子按着自己的步伐慢慢作出更高程度的嘗試，並因此得到家長的認同，可以促進孩子鍛鍊出越戰越勇的態度。

方法 4　事前討論嘗試的策略，增強孩子的勇氣

比美美年紀較大的孩子，或許已經掌握了以上的探索步驟，但同樣需要獲得安全感才能培養出勇於嘗試的特質。所以在小學階段的孩子，家長可以事前與他們討論勇於嘗試的策略，以增強他們的勇氣。

此階段的孩子雖然已具備思辨能力，但是人生經驗有限、見識也不足，以致未必能為每次嘗試作出判斷。家長可以為他們提供作出嘗試時的多種可能性選項，並和孩子討論每種可能性會產生的結果。例如：孩子因為要在課上做專題研習簡報感到焦慮，家長可以在家中跟孩子預演簡報，列出可能遇到的情況：

- **情況一**：孩子極度焦慮，放棄做簡報。

- **情況二**：孩子可以深呼吸，處理自己的情緒，然後戰戰兢兢的做簡報。

- **情況三**：孩子可以跟老師表達出焦慮的情緒，得到鼓勵後順利地做簡報。

這樣的預測討論，幫助孩子在面對新事物前，已有足夠時間了解自己將會遇到的情況，從中提醒孩子他們有過的成功經驗，知道自己是有能力面對新挑戰的，然後家長可分享自己作出嘗試的經驗。

家長有什麼要 特別留意！

如果孩子這次嘗試不成功，家長簡單一句「我相信你會做得到」或「爸媽看到你的勇氣，不論下次是否做得到，爸媽都會在你身邊支持你」，對孩子來說便已足夠。「被接受」的感受就是最大的安全感，再視乎孩子的意願跟他們梳理心情，以及討論下次嘗試的策略。家長應着重為孩子累積「你有嘗試，而且嘗試是安全」的經驗。

請謹記，「勇於嘗試」在於孩子願意嘗試的勇氣，而不在於嘗試後成功與否，要知道嘗試的勇氣才是賦予孩子面對挑戰長遠的柔韌力！家長也要給自己一個「讚」，因為你正在嘗試培養孩子的特質，這也是勇於嘗試的表現！

參考資料

- Adamson L, Frick J. (2003) . *Research with the Face-to-Face Still-Face paradigm: A review.Infancy.* 451–473.
- Cooper, J.O., Heron, T.E., and Heward, W.L. (2020) . *Applied behavior analysis (3rd Edition)* . Pearson Education, Inc.
- Maslow, A. H. (1943) . *A theory of human motivation. Psychological Review, 50* (4) , 370-96.
- Bowlby, J. (1969). Attachment. *Attachment and loss: Vol. 1.* Loss. New York: Basic Books.

8.3 改善孩子面對挑戰容易放棄的心態

普遍現象：
當挑戰出現，孩子表現得畏縮，不敢嘗試

　　不少孩子在面對困難時容易表現出退縮和逃避的行為，甚至會說出一些消極的話語，例如：「我不會」、「我做不到」、「我無法辦到」、「我不擅長」、「我很失敗」等，拒絕接受挑戰。

例子：

　　7歲的臣臣在面對生活和學習困難時，很容易退縮和放棄，他常常說「我做不到」、「我不懂」，也害怕犯錯和失敗，不願意接受新的挑戰。即使在家中與媽媽玩桌遊，當臣臣意識到自己可能會輸時，經常會發脾氣，說不要繼續玩了，或者透過犯規以獲得勝利。臣臣並不享受遊戲的過程，只關注輸贏的結果。

　　臣臣的媽媽為此很苦惱。幸好，家長是可以幫助孩子改變心態，培養「勇於嘗試」的特質。

培養技巧背後的理證

「固定心態」與「成長心態」

著名美國心理學家 Carol Dweck 於 2006 年提出心態理論，認為人傾向有兩種心態，分別是固定心態（fixed mindset）及成長心態（growth mindset）。她認為心態影響人們如何詮釋事件、行動的動機、願意付出多少努力，而個人的能力成就、對成功失敗和成就的看法，以及對挑戰和挫折的回應，在很大程度上都取決於個人的心態。

● **固定心態**

擁有固定心態的人傾向認為能力是天生的和無法改變的，覺得努力徒勞無功。他們對於挑戰和挫折會感到恐懼，也容易覺得無助和氣餒，會選擇逃避和放棄，並且不願接受他人的建議，因而無法充分發揮潛力和限制了自己的發展。

● **成長心態**

相反，擁有成長心態的人在面對挑戰和困難時，認為只要付出努力，就能提升能力並發揮潛力。他們不把失敗或挫折視為無能或愚蠢的象徵，而是視之為挑戰。他們更容易感到自信和樂觀，並選擇堅持，勇於接受挑戰，所以更能逐步邁向成功，取得更高的成就（Dweck, 2006）。

因此，孩子在面對挑戰時如何回應、是否願意嘗試、會主動學習還是逃避退縮，都與他們的心態有很大關係。

② 家長對孩子心態的影響

　　家長對孩子的評價與看法也會影響孩子的心態。例如：當家長特別關注孩子在學業上的負面表現，便有機會忽略孩子在學業或其他方面的優點和進步，使孩子認為自己只有負面表現，對自己的能力產生懷疑和挫敗感，因而害怕犯錯誤，不敢嘗試新事物或面對挑戰（Waters, 2017）。如果家長將成功視為唯一目標，而失敗是不可接受的結果，孩子可能會感受到來自家長的壓力，會因為失敗而否定自己的能力和價值。相反，如果家長將成功視為學習和成長的一部分，並將失敗視為獲取寶貴經驗和改善的機會，孩子會更有可能培養出成長心態（Haimovitz, & Dweck, 2016）。

③ 持續的挫敗感強化固定心態

　　當孩子持續遭遇生活挫折和學習困難時，有機會認為自己無法克服這些困難，產生無助感，深信自己缺乏信心，也沒有應對挑戰的能力。因此，他們可能會避免嘗試新的事物，擔心失敗只會進一步證實自己的無能和無助，拒絕嘗試和接受挑戰（劉遠章、張瑋珮、謝家淇，2020）。

> 　　在上述例子中，臣臣面對學習和課業困難時，展現了固定心態的特徵，他會輕易地認為自己無法做到，表現出對自己能力的固定看法，害怕犯錯和失敗，喜歡待在舒適區而不願意接受新的挑戰。在與家長玩桌遊時，當他意識到可能輸掉時便不想繼續玩，認為即使堅持努力，也無法獲得好的結果，這樣的固定心態很大機會限制了臣臣的成長和發展。

培養良方

法1 善用欣賞語句，肯定孩子的努力

　　家長可以多觀察孩子的正向表現，並多加欣賞、鼓勵和肯定他們的努力和付出，避免只是讚賞他們「很厲害、很聰明、有天分」，讓他們明白努力的重要性，幫助孩子建立成長心態，增強他們嘗試的動力和信心。以下是一些家長可以學習運用的欣賞語句：

- **欣賞努力：**你正在努力練習，練習會讓挑戰變得更容易！

- **欣賞堅持：**即使這些作業很困難，但你都堅持有耐心地做作業！

- **欣賞嘗試：**我很欣賞你嘗試用不同的方法去完成任務！

- **欣賞心態：**遇到不明白時，你會主動發問，積極學習呢！

- **欣賞進步：**你現在能安靜坐下的時間比上次更長了，進步不少啊！

勇於嘗試

引導轉變思維方向，擁抱失敗經驗

很多時候，孩子害怕失敗是因為他們感受到家長關注他們的失敗和缺點，對其努力的過程則缺乏重視和引導，令他們對失敗產生恐懼。家長宜嘗試接納孩子的錯誤和失敗，並且透過提問帶領他們思考：

- 你從這次經驗中學到了什麼？還需要學習什麼呢？

- 你認為是什麼阻礙了你？你可以做什麼來克服這些障礙？

- 下次面對類似情況時，你還有哪些方法可以嘗試？

家長鼓勵孩子從失敗中學習、思考改進的方法，既能夠幫助他們轉換思維方式，也能讓孩子知道他們的價值不僅僅取決於成功和結果，而是他們的努力和成長。這樣的支持和陪伴有助孩子建立成長心態，面對困難時鼓勵他們持續努力，勇於面對日後的挑戰。

教導孩子用自我對話去改變心態

擁有固定心態的孩子在面對挑戰、失敗和困境時，會傾向產生消極的想法，例如：「我不行的」、「我做不到」、「我不能改變」等，但其實成敗很大程度取決於心態。家長可以教導孩子用「暫時不行」（the power of yet）的話語去鼓勵自己，例如對孩子說：「你只是還沒可以」、「你只是還沒做到」、「你只是還沒能改變」、「雖然你現在未能成功，但我相信你一定可以做得越來越好的！」，改造孩子的固有思維模式。

除了讓孩子明白努力的重要性外，家長還可以通過與孩子一起討論和思考不同的方法、策略，以應對困難和挑戰，例如引導

孩子思考「我還可以……」，帶領他們反思自己還能夠做什麼，激發他們尋找更多可能性。

法4 活用「強項放大鏡」，發掘孩子的品格強項

在固定心態下，孩子往往缺乏能力感，家長可以幫助他們認識和發掘自己的強項，增強自信心。「強項放大鏡」的概念，就是猶如把一個放大鏡聚焦在孩子的優勢和品格強項上，並鼓勵孩子把品格強項應用於日常生活中。例如，當孩子面對挑戰時，家長可以帶領他們發揮「創造力」的品格強項，說：「你平時玩耍時展現了這麼多創意，我們一定可以想到其他方法去解決這個困難，讓我們一起嘗試吧！」

當家長能多向孩子說明他們善用了什麼強項，便可讓孩子知道自己也有具備發揮這個強項的能力，促使他們嘗試新事物。家長可以跟着以下步驟去放大孩子的品格強項：

- **第 1 步（使用強項放大鏡）：**家長學習觀察孩子在日常生活中展現的強項，例如：孩子幫助媽媽收拾飯桌，展現了仁慈（kidness）的強項。

- **第 2 步（強項說明）：**家長提供簡單的說明，讓孩子知道自己擁有哪些強項。例如跟孩子說：「你主動幫我收拾飯桌，很仁慈（kidness）呢！」

- **第 3 步（強項欣賞）：**家長簡單地分享對孩子的欣賞，以及他們的行為對他人或事情的正面影響，讓孩子知道發揮強項能支持自己及他人成長。例如說：「我欣賞你幫忙收拾飯桌，令我可以快點完成家務，有更多時間跟你們說故事。」

勇於嘗試

家長有什麼要 特別留意 ？

　　為了保護孩子的自尊心，有些家長會過度幫助孩子，包括過多介入孩子的思考過程，甚至直接提供解決方法。然而，這樣做可能會阻礙孩子發揮自身潛能。家長宜給予孩子適當的自主空間，陪伴和帶領孩子思考如何勇於面對挑戰和解決難題，避免過度干預。

　　孩子面對困難時表現出退縮和逃避的行為，往往跟孩子的心態有關，家長在培養孩子的心態上扮演重要角色。腦神經科學研究證明持續和重複的練習，能改變腦部結構和功能，從而改變孩子的思維模式和心態（Costandi, 2016）。

　　其實，這種成長心態對成年人也很有幫助，心態是可以改變，也能練習得來，更是成長和成功的關鍵。透過發掘孩子的強項、欣賞他們的嘗試和努力，並跟孩子練習「暫時不行」等自我對話，能有助孩子培養成長心態和勇於嘗試的特質。

參考資料

- Costandi, M. (2016) . *Neuroplasticity*. MIt Press.
- Dweck, C. S. (2006) . *Mindset: The new psychology of success*. Random house.
- Haimovitz, K., & Dweck, C. S. (2016) . Parents' views of failure predict children's fixed and growth intelligence mind-sets. *Psychological science, 27* (6) , 859-869.
- Sagen, E. (2020) . *Parent Intervention to Encourage Growth Mindset Development in Children* (Master's thesis, University of Stavanger, Norway) .
- Waters, L. (2017) .*The strength switch: How the new science of strength-based parenting can help your child and your teen to flourish*. Penguin.
- 劉遠章、張瑋珮、謝家淇 (2020)。《成長心態 Growth Mindset Practice——成長心態的培養與日常應用》。明窗出版社。

第9章

IB特質：均衡發展
Balanced

學習者需理解在生活中平衡不同方面的重要性，包括智力、身體和情感，以實現自己和他人的福祉，並認識到與其他人及其生活世界相互依賴的關係。

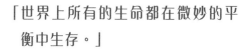

「世界上所有的生命都在微妙的平
　衡中生存。」

——電影《獅子王》

9.1

有效管理專注力——平衡孩子的學習與玩樂需要

普遍現象：
孩子能投入玩樂，卻沒法專注於學習

家長常常不明白為什麼孩子在玩樂時那麼專注和投入，到了學習時卻總是分心。

例子：

這天在家中，媽媽坐在 7 歲的樂樂旁邊，看着他埋頭在數學作業上。然而，她注意到樂樂經常分心，目光不時會飄向窗外的遊樂場，雙手又會不自覺地玩弄文具。媽媽心生一絲擔憂，她知道專注力對於學習非常重要，便輕聲提醒：「樂樂，專心一點，集中注意力在作業上。」樂樂卻立刻抬起頭，苦着臉說：「媽媽，我很累了，什麼時候可以休息啊？」他的聲音聽起來是那麼楚楚可憐。樂樂的反應讓媽媽感到懊惱，為什麼孩子總是滿腦子玩樂，還沒好好專心做作業，便已經盤算何時可以休息呢？

培養技巧背後的理證

1 注意力的發展

　　孩子的注意力在學齡前階段便迅速發展。家長都期望孩子可以專注於課業上，不會分心，這就需要運用到孩子的選擇性注意力（selective attention）。選擇性注意力基於「外源性注意力」（exogenous attention）和「內源性注意力」（endogenous attention）。**外源性注意力**是受外部刺激所驅動的注意力，例如會注意到四周的聲響；**內源性注意力**則是由個人內在驅動的注意力，例如專注於正在做的事情。

內源性注意力與外源性注意力的分別：

	內源性注意力	外源性注意力
注意力來源	由內在驅動	由感官刺激驅動
目標意識	有明確目標	自動化、無意識
注意力持久度	持續	短暫

　　從嬰兒期開始，孩子的外源性注意力會先行發展，他們能注意到外在的刺激，例如照顧者對他們的呼喚。隨着成長，孩子的內源性注意力也會逐漸發展，開始可以自主地控制注意力，即能選擇性地關注特定的人事物（Fisher 等，2013）。研究顯示 6 至 10 歲是孩子發展內源性注意力的黃金時期（Leclercq 和 Siéroff，2013），學者更形容內源性注意力是大腦重要功能之一，幫助孩子在追求目標時（如看圖書），選擇性地專注於相關

均衡發展

資訊（即正在閱讀的圖書），同時忽略其他不相關的資訊，包括令人分心的聲音、氣味等外在刺激（Jongman 等，2015）。

一項以幼稚園學生為對象的研究，比較外源性注意力和內源性注意力對學習表現的影響，結果發現當學生的注意力受內在驅動時，可以減少受到實驗設計出來的干擾因素影響，而且能更準確地回答問題，反映內源性注意力與學習表現成正比（Erickson 等，2015）。因此，促進孩子的內源性注意力發展，可以令他們更能夠抵抗干擾，將注意力集中在重要的目標上。

② 挑戰性與能力感有助提升內源性注意力

心理學家 Mihaly Csikszentmihalyi 提出了「心流」（flow）概念——這是一種高度集中的心理狀態，他更形容此狀態為「當一個人完完全全沉浸在當下的活動中，分心的機率降至最低」（Csikszentmihalyi, 1997）。相信這種高度集中的狀態，正是家長所期望的專注力。此外，孩子在經歷心流時，他們會對所進行的任務具有清晰的目標和掌控感，並在過程中不斷獲得即時回饋，如滿足感、成就感和快樂等正面情緒（Csikszentmihalyi 和 Csikzentmihaly，1990）。

家長在任務難易度和孩子的能力水平之間取得平衡，有助發展孩子的內源性注意力。什麼是平衡呢？具體來說，如果挑戰的難度大於孩子的能力水平，孩子會感到焦慮和受壓，對學習產生負面影響；相反，如果難度過低，孩子會感到無聊和沒趣，亦不利於學習。因此，為孩子安排符合其能力水平而具有挑戰性的學習活動，可以幫助孩子專注其中，並從中獲得滿足感和成就感等即時回饋。

心流出現的兩個先決條件：挑戰度、能力水平

 擴大孩子的多元發展

　　心理學家 Lev Vygotsky 提出的「近側發展區」（zone of proximal development）與心流的概念相互契合，並強調家長在孩子的發展歷程中擔當重要的輔助角色。

近側發展區理論

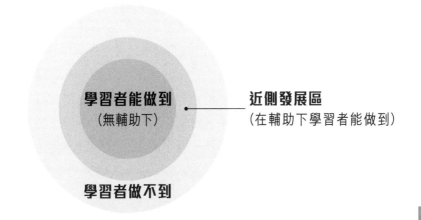

近側發展區指的是對於正在學習的孩子來說，透過師長和父母的適當教學和輔助，孩子往往能達成近側發展區中的學習任務（Vygotsky 和 Cole，1978）。家長應時刻參考此區域為孩子制定學習目標。如果制定學習目標時，錯誤參考「學習者能做到」的區域，孩子只能溫故，卻未能知新。相反，如果錯誤參考「學習者做不到」的區域，孩子會因能力不足而飽嘗挫敗感，例如：讓 5 歲已能認讀生字的孩子閱讀只有簡單字句的圖書，而非圖畫書或短篇小說。因此，Vygotsky 在近側發展區中建議訂立一些孩子在輔助下可以完成的學習目標，既有適當的挑戰度，又可以在家長的指導下發展孩子最大限度的潛在能力。

培養良方

方法 1　鼓勵孩子探索不同興趣

　　家長可以給孩子提供多樣化的興趣活動，例如音樂、運動和藝術等，不但促進孩子的均衡發展，更可以培養他們的內源性注意力。當孩子對特定的興趣感到興奮時，自然會投入更多注意力和精力。例如：讓孩子參加音樂班學習樂器，培養他們的音樂才能和表演技巧，過程中也需要專注於音樂的節奏和音調等，並持續練習。這種持續的專注和努力有助孩子培養其內源性注意力。

　　另外，多鼓勵孩子嘗試「新」的興趣和活動，有助培養孩子積極面對挑戰的態度。在學習過程中，孩子總會遇到挑戰。當孩子能夠習慣面對挑戰時，便更容易克服不熟悉和不自在的感覺，減少半途而廢的情況。這樣孩子便不會做功課做到一半時，因為

無法忍受功課難題所帶來的無力感，而不斷分心或想要透過玩樂來逃避當前的困難。家長可在探索過程中，多給予孩子支持，協助孩子克服不熟悉的感覺，培養他們持續嘗試和學習的態度。當然，如果孩子成功找到個人興趣或活動，這不僅有助發展其能力和內源性注意力，同時也提供了娛樂和放鬆的機會，平衡他們的智力和情感發展。

方法 2　提供良好的學習環境

　　一個安靜、不受干擾的學習環境對於培養孩子的專注力至關重要。試想一下，孩子寫作業時，一時聽到電視機的聲音、一時看到窗外飛過的小鳥、一時聽到其他家庭成員走過的腳步聲、一時被放在書桌上的小擺設所吸引。這些干擾和誘惑，確實為孩子的專注力帶來無窮無盡的考驗。要為孩子營造一個「學習友善」的環境，家長可以參考以下 3 點：

- **書桌位置：**選擇安靜、免受干擾的學習區域，例如房間、特定角落等，盡量遠離走廊、洗手間等經常有家人出入的地方。

- **座位面向：**建議孩子的座位面向牆壁，如果學習位置附近有窗戶，可以選擇關閉窗戶和拉下窗簾，減少街上行人和車輛造成的噪音干擾，也避免窗外有任何物體飛過而造成的光線變化而影響了孩子的專注力。

- **書桌整潔：**教導孩子養成「先收拾，後溫習」的小習慣。每次溫習、寫作業之前，先整理書桌，移除與學習無關的物品，減少分心的情況，還要準備好文具，以免孩子在學習過程中不斷離開座位。

良好的學習環境有助孩子集中注意力，更有效地學習和理解新知識。讓孩子善用專注力，儘快完成學習任務，剩餘的時間便可用於滿足其玩樂需要，作為額外的獎勵了。

方法 3 引用遊戲化學習，設計學習活動

孩子與生俱來便懂得從遊戲中學習，學習與玩樂對孩子來說具有相輔相成的作用。近年有不少研究證明遊戲化學習的成效，遊戲化學習是將教育與遊戲元素結合，提高孩子在學習過程中的參與度和學習成效（Kapp, 2012）。

家長可參考遊戲化學習的原則，為孩子設計有趣的學習活動。這些原則包括：設定明確的目標、提供即時反饋、制定適當的難易程度、創造具有挑戰性的情境和鼓勵合作與競爭。舉例來說，遊戲化學習可引用數字概念，讓孩子扮演數字偵探的角色，在圖書、報紙、家中追蹤丟失的數字，過程中，家長可讚賞孩子的投入或給予一個數字的實物符號作為即時回饋。

家長亦可以讓孩子多在日常生活的情境中學以致用，深化他們的知識和技能，還可以在活動中加入競賽成分以增加刺激感和挑戰性，例如：與孩子比併最快計算到結帳的總額。當然，活動的難易程度應按照孩子的個人能力水平和近側發展區而制定。透過趣味性和挑戰性的學習活動，讓孩子投入學習任務，甚至在過程中經歷心流這種心理狀態，愉快地學懂辨識數字和理解數字的概念，在學習與玩樂之間取得平衡。

家長有什麼要 特別留意 ?

　　如果家長要面對像樂樂般的孩子，楚楚可憐地哀求自己給予休息時間，建議家長首先同理孩子的感受，肯定他們的疲倦感，並表達理解。同時，家長可以和孩子商量，引導孩子分析合理的休息時間與時長，並承諾會滿足他們的需求，但家長要明確表示自己的期望，請他們在完成特定的學習任務後才享受休息時間，也不要因為孩子未能在限定時間內完成任務，而以剝削他們的休息時間作為懲罰。這樣的處理方式有助平衡孩子的需求和學習目標，更可以建立良好的親子溝通基礎。

　　總括而言，家長在培養孩子均衡發展方面扮演着重要的角色。透過提供適當的學習資源和環境，家長可以平衡孩子的學習與玩樂需要，讓他們愉快地學習與成長，期望他們能成為「努力學習，也努力行樂」的人。

均衡發展

- Csikszentmihalyi, M. (1997) . Flow and the psychology of discovery and invention. *Harper Perennial, New York, 39*, 1-16.
- Csikszentmihalyi, M., & Csikzentmihaly, M. (1990) . *Flow: The psychology of optimal experience.* New York: Harper & Row.
- Erickson, L. C., Thiessen, E. D., Godwin, K. E., Dickerson, J. P., & Fisher, A. V. (2015) . Endogenously and exogenously driven selective sustained attention: Contributions to learning in kindergarten children. *Journal of experimental child psychology, 138*, 126-134.
- Fisher, A., Thiessen, E., Godwin, K., Kloos, H., & Dickerson, J. (2013) . Assessing selective sustained attention in 3-to 5-year-old children: Evidence from a new paradigm. *Journal of experimental child psychology, 114* (2) , 275-294.
- Jongman SR, Roelofs A, & Meyer AS (2015) . Sustained attention in language production: An individual differences investigation. *The Quarterly Journal of Experimental Psychology, 68*, 710–730.
- Kapp, K. M. (2012) . *The gamification of learning and instruction: Game-based methods and strategies for training and education.* San Francisco, CA: John Wiley & Sons.
- Leclercq, V., & Siéroff, E. (2013) . Development of endogenous orienting of attention in school-age children. *Child Neuropsychology, 19* (4) , 400-419.
- Vygotsky, L. S., & Cole, M. (1978) . *Mind in society: Development of higher psychological processes.* Harvard university press.

培育國際共情者：從共讀到啓發孩子關愛他人

普遍現象：孩子對他人缺乏關懷，也不關心國際事件

　　在香港的繁華街道上，大家可能時常看到在周末匆匆趕去聚會的外傭、一羣懷着期待和不安的新來港家長帶着孩子走進學校門口、流浪的貓狗在尋找食物或庇護。這些情景在人們的日常生活中不時出現，但你有沒有想過它們背後所隱藏的國際議題呢？

　　或許你曾在社交媒體上看過類似的影片：兩個年僅 5 歲的學齡前男孩，一個是白人，另一個是黑人。他們就讀同一所學校，經常一起嬉戲玩耍，彼此之間充滿着歡笑和友愛。有次，學校舉辦「雙胞胎」日，這兩位男孩甚至向各自的家人分別表示想要與對方穿着一致回校，因為對於他們來說，他們就是「雙胞胎」。當有人問及他們的相同之處時，兩個男孩回答說，他們擁有相同的眼睛、鼻子、嘴巴等五官特徵；而當被問及他

們有什麼不同之處時，他們提到的是頭髮、身材、喜好等個人特徵，但從未提及「他是黑的，我是白的」等種族差異。

這段影片引發了我們思考：這兩個孩子無拘無束地相處，從未受到種族差異的束縛。無論他們的膚色、語言或家庭背景如何不同，都在玩樂中找到了共同的樂趣，並建立了深厚的友誼。然而，隨着孩子成長，他們可能會逐漸感受到來自社會和周圍環境的壓力和影響。歧視、偏見和不公正的行為可能會漸漸浮現，使他們對世界產生疑惑和困惑……也許這是我們應該思考的時候了：我們是否在孩子的心中灌輸了正確的價值觀？我們應該如何培養他們具備同理心和國際意識，幫助孩子以他人的角度來看待這個世界？

在這個全球化的時代，我們身處的城市已經成為了各種文化、背景和價值觀的交匯之地。作為這個地球村的一員，我們的孩子需要具備與不同文化背景的人溝通、合作的能力和國際意識。然而，許多孩子在成長過程中缺乏對他人的理解和關懷，對於國際事務也缺乏興趣和關注，這可能導致他們在與他人互動時缺乏敏感度和包容心。

很多家長往往更關注孩子的學業成績，而忽略了培養的他們同理心。因此，如何幫助孩子建立同理心，從而培養其國際意識，成為具有全球競爭力的人才，是每位家長都應該關注的問題。為了幫助孩子成為具有包容心和跨文化交流能力的世界公民，家長需要重視並積極培養孩子的同理心，讓他們能夠以開放、尊重和理解的態度面對這個多元化的世界。

培養技巧背後的理證

① 培養同理心的重要性

同理心（empathy）是一種理解和體會他人情感的能力（Krznaric, 2015）。這種能力涉及到換位思考，讓人們能夠站在對方的角度，感同身受，嘗試理解他人的感受和想法。同理心不僅僅是情感上的共鳴，更是一種對他人價值觀和信念的理解和尊重（Batson 等，2003）。例如：大部分香港人在扶手電梯上習慣「左行右站」，所以當孩子看到德國遊客在扶手電梯上「左站右行」可能會感到困惑。然而，透過培養跨文化的同理心，孩子能夠理解到這是德國人的習慣。

有研究表明，具有高度同理心的人更傾向於尊重他人的文化價值觀和信念，促進有效的溝通和建立良好的人際關係，並能夠有效地適應跨文化環境（Calloway-Thomas 等，2017；Hollan, 2017）。因此，從小培養孩子的同理心不可少，因為這有助孩子更好地理解和尊重不同文化背景的人，從而讓他們未來在跨文化交流中更加成功地融入和適應。

② 親子共讀促進同理心的培養

在家庭教育中，親子共讀是一個培養同理心的有效方式（Aram 和 Shapira，2012）。透過與孩子共讀，家長可以引導孩子從故事中理解不同角色的情感和處境，增強他們的同理心。親

巧傾發展

子共讀不僅是「說故事」，而是一個家長和孩子共同閱讀、討論的過程。透過這種互動，孩子能更深入地理解故事中的情節和角色，從中體會不同文化背景的人會有不同的情感和需求（葉嘉青，2024）。

家長可以選擇具有跨文化主題或不同文化背景的故事書，與孩子一同探索和討論，進一步加深他們對多元文化的理解和尊重（Tomé-Fernández 等，2019）。例如：共讀《培養孩子一生受用的 IB 特質故事集（1）》（馬翠蘿等，2023）、《火爆仔與鐵伯爵》（黃麒錄與張家灝＠童創文化，2023）和《世界中的孩子》（Spilsbury, L. 和 Roberts，2018）等繪本故事，不僅能帶給孩子美好的閱讀時光，更能啟發他們對於不同文化的好奇心和理解力。這些繪本故事可以幫助孩子從小就擁有開放的心態，並學會尊重和欣賞不同文化之間的差異。這樣的共讀體驗，不僅促進孩子的語言發展，還能培養他們的同理心和國際意識，為他們未來的跨文化交流打下堅實的基礎。

3 實地體驗促進同理心的培養

除了共讀，實地體驗也是培養孩子同理心的重要途徑。當孩子理解到不同人的立場後，往往會對社會產生更濃厚的興趣。為進一步拓展他們從繪本共讀中學到的知識和價值觀，家長可以通過提問引導孩子，再配合相關的體驗活動、角色扮演或新聞事件的補充，讓孩子深刻體會到繪本故事所描繪的議題是真實存在的。例如：當孩子閱讀完《世界中的孩子 1：為什麼會有貧窮與飢餓？》後，可能會提出「難民為什麼不能好好吃飯」、「難民為什麼會

有糧食困境」等問題。這時家長可以邀請他們一起體驗「難民的一餐」，探究難民的食物來源以及缺乏選擇權的生活狀況。

此外，透過與孩子一同參與社會活動和義工服務，家長可以幫助孩子深入了解他人的生活和需求，從而激發他們更加願意幫助他人，培養同理心和社會責任感。這些身教和體驗不僅豐富了孩子的生活經驗和同理心，還培養了他們對社會的關懷和貢獻意識（蘇明進，2021）。

> 透過共讀以及實地體驗，家長既能幫助孩子培養同理心和國際意識，還能夠讓他們在成長過程中建立正確的價值觀和行為準則，成為具有同理心和包容心的世界公民。

培養良方

作為孩子的閱讀伙伴，共讀繪本時，家長不妨抱持開放的心態，與孩子一同探索那些描述多元文化、不同背景的故事。這不僅是一次閱讀，更是一次互相交流和學習的機會。家長可以運用「對話式閱讀」的「PEER 共讀引導四部曲」技巧（林美琴，2022），與孩子共同深入故事，分享彼此的想法，促進孩子對故事深入思考，學習尊重他人的差異。

方法1 **對話式閱讀：PEER 共讀引導四部曲**

以下將透過《培養孩子一生受用的 IB 特質故事集（1）》中

一個關於跨文化友誼的繪本故事〈蜘蛛——我的新鄰居〉（麥曉帆，2023）來闡述 PEER 的 4 個步驟。故事講述了小鳥啾啾隔壁突然搬來了蜘蛛一家。啾啾一開始因為不了解蜘蛛而害怕與對方接觸，但在媽媽的勸導下，最終鼓起勇氣與蜘蛛弟弟見面，並成為了好朋友。當中有一個場景，小鳥啾啾躲在牀下不敢出來，家長可以這樣引導孩子討論：

PEER 共讀引導四部曲		例子
Prompt （提問）	透過提問引導孩子參與討論	・家長可以問：「啾啾為什麼躲在牀下呢？」 ・孩子回答：「因為他很害怕。」
Evaluate （評估）	對孩子的回應給予回饋、鼓勵或修正	・若孩子回答正確，家長可以給予肯定，例如說：「沒錯，啾啾很害怕。」 ・若孩子回答不正確，家長可以給予鼓勵，再提供正確答案，例如說：「你的回答是很好的嘗試，但不對喔。不是『他很傷心』，啾啾是在害怕新鄰居蜘蛛。」
Expand （擴展）	將孩子的回答加以延伸、重組，進一步討論	・孩子說：「他很害怕」。 ・家長可以說：「對，啾啾很害怕，因為他不認識蜘蛛，也不知道蜘蛛會否傷害他。」
Repeat （重複）	在討論結束後，再提問一次，引導孩子重述故事重點，並鼓勵他應用到日常生活中。	・家長問：「所以，啾啾最初為什麼躲在牀下？後來他怎樣克服了？」 ・孩子回答：「啾啾一開始很害怕，因為他不了解蜘蛛。後來他聽了媽媽的建議，勇敢地去見蜘蛛弟弟，最後成為了好朋友。」 ・家長回應：「很好！記住，當我們面對新事物時，要勇敢去了解和接觸，就能克服恐懼。」

PEER 共讀引導四部曲適用於所有親子共讀情況，家長可參考左邊的例子與孩子展開富有意義的共讀時光。

透過這樣的對話式閱讀，不僅能夠加深親子之間的情感聯繫，還能夠讓孩子學會理解和接納與自己不同的人，促進形成同理心和正面價值觀。

法 2 實地體驗及鼓勵

除了共讀繪本外，家長還可以鼓勵孩子在日常生活中實踐故事所傳達的價值觀，包括引導他們思考當自己受到幫助時的感受，並激勵他們將故事中的正面價值觀融入到自己的行為和態度中。例如，家長可以問孩子：「如果你得到幫助，你會作何反應？當你看到他人需要幫助時，你會怎樣做？你認為被幫助的人會有什麼感受？」透過這樣的對話，孩子能夠更深入地思考他人的感受和需求，學會尊重和關懷他人。

此外，家長還應該給予孩子實地體驗的機會，例如：參觀博物館、參加文化節慶活動、或與不同背景的人交流，讓他們見識和理解不同文化背景下的生活。這些體驗有助孩子更深入地了解世界的多樣性，並把故事中的正面價值觀滲透到自己的態度和行為中。如此，孩子便能更容易培養同理心、尊重他人的品質，並在日常生活中展現更具包容度和關愛的行為。

培養孩子同理心和國際意識是一個持續的過程，家長需要耐心和持之以恆地鼓勵、引導和教育。其次，每個孩子都有不同的特點和喜好，家長應該尊重他們的個性和興趣。家長也要根據孩子的情況，選擇適合他們的繪本和活動，給予他們足夠的自由和空間去探索和發展。最後，家長應該注意自己的言行舉止，以身作則，為孩子示範出對他人的尊重和理解，從而激發孩子的同理心和愛心，達致有效地幫助孩子建立同理心，培養國際意識，成為一個具有人文關懷的人。

- Aram, D., & Shapira, R. (2012). Parent-child shared book reading and children's language, literacy, and empathy development. *Rivista Italiana Di Educazione Familiare, 2*, 55-65.

- Batson, C. D., Batson, J. G., Todd, R. M., Brummett, B. H., Shaw, L. L., & Aldeguer, C. M. R. (1995). Empathy and the collective good: Caring for one of the others in a social dilemma. *Journal of Personality and Social Psychology, 68* (4), 619–631. https://doi.org/10.1037/0022-3514.68.4.619

- Calloway-Thomas, C., Arasaratnam-Smith, L. A., & Deardorff, D. K. (2017). The role of empathy in fostering intercultural see competence. In D. K. Deardorff and L. A. Arasaratnam-Smith (Eds.), *Intercultural competence in higher education* (pp. 32-42). Routledge.

- Hollan, D. (2017). Empathy across cultures. In Heidi L. Maibom (ed.), *The Routledge Handbook of Philosophy of Empathy*. Routledge.

- Krznaric, R. (2015). Empathy: *Why it matters, and how to get it*. TarcherPerigee.

- Spilsbury, L. 與 Roberts, C. (2021)。《世界中的孩子》（繪者：Hanane Kai）。親子天下。

- Tomé-Fernández, M., Senís-Fernández, J., & Ruiz-Martín, D. (2019). Values and Intercultural Experiences Through Picture Books. *The Reading Teacher, 73* (2), 205–213. https://doi.org/10.1002/trtr.1813

- 黃麒錄與張家灝 @ 童創文化（2023）。《火爆仔與鐵伯爵》（繪者：小肥＆小鵬）。辦啦啦皮有限公司。

- 林美琴（2022）。《說故事與親子共讀：從零開始，讀出孩子的學習力與成長力》。時報出版。

- 葉嘉青（2024）。《親子共讀起步走：經典繪本 200 ＋，從零歲開始讓孩子愛上閱讀（全新增訂版）》。親子天下。

- 蘇明進（2021）。《老蘇老師的同理心身教》。親子天下。

- 馬翠蘿、麥曉帆、利倚恩、譚麗霞、畢宛嬰與袁妙霞（2023）。《培養孩子一生受用的 IB 特質故事集 （1）》。新雅文化事業有限公司。

第10章

IB特質：及時反思
Reflective

學習者需要深思熟慮地考慮世界以及自己的思想和經驗，努力了解自己的優點和缺點，以支持自己的學習和個人發展。

「人非聖賢，孰能無過；過而能改，
　善莫大焉。」

　　　　　　　——《論語》

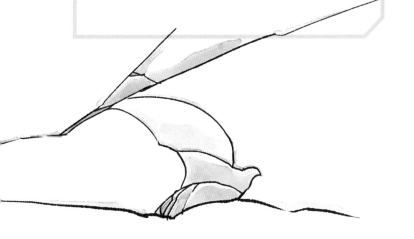

10.1

從生活習慣中鍛煉反思

普遍現象：
孩子總是不長記性，要家長耳提面命

常常聽到家長向孩子抱怨：「我之前已經跟你說過應該要這樣做才對！」相信家長心裏在想：「為什麼孩子總是要我經常提醒他？為什麼他不能做事前先想想後果？」

研究兒童腦部發展的專家認為如家長與孩子相處時給予過多指令，對於鍛煉孩子大腦的反思能力並沒有太大作用。很多家長會問：「我清楚而具體地告訴孩子要做什麼，這樣不是已經讓他完全明白嗎？」的確，這種方法對於修正孩子的行為非常有效。然而，家長試想一下，如果孩子在生活中只需要聽從指令，負責反思功能的大腦部分並未能受到激活，孩子甚至不需要思考怎樣做。如果幾乎不需要思考回應，又談何有反思的機會呢？那麼，家長應該用什麼來替代指令，從而培養孩子的反思能力？

培養技巧背後的理證

　　近年，哈佛大學的兒童發展研究中心不斷提倡有效的教養方式——鍛煉孩子大腦的自我調整及優化腦神經發展。腦神經專家指出大腦的前額葉（prefrontal cortex）區域負責調節和控制我們的認知歷程，在反思、判斷、決策及自我控制等方面擔當着關鍵的角色。此區域會與大腦其他區域互相溝通及協調，例如：傳遞訊息來安撫負責掌管情緒反應的杏仁核，以助我們在面對壓力時，仍能有冷靜的頭腦來檢視過去的經驗及決策，及時反思當下作出的選擇、計劃及行動所帶來的利弊。

　　兒童的大腦具備極高的神經可塑性，專家指出家長與孩子每作出正向的交談與互動，實質已為塑造大腦提供了絕佳的契機。因此，要培養孩子反思能力，家長就要成為孩子的大腦建築師，而關鍵在於家長會否懂得運用日常對話，以引導及指示作為孩子學習的「鷹架」（scaffolding），以鍛煉孩子的反思大腦。

1 運用「原因思考」，取代給予指令

　　「原因思考」（because thinking）是指教導孩子學習判斷事情的起因、行為所帶來的後果，並且讓他們了解為何事情要在某個時間或某種方式下完成，從而培養孩子的反思能力。當家長每天早上帶孩子出門上學時，很多時候都會向孩子說：「快點換上校服，我們要趕快出門。」或許孩子會乖乖地穿好校服，但這些指令並不能觸發孩子大腦的思考功能。

如果想孩子運用原因思考的方式，家長可以向孩子說：「上學的時間到了，你要趕快穿好校服。如果我們不能準時出門，就趕不上巴士，這樣你就上不到早上的體育課了。」給予指令可以令到孩子乖乖地穿好校服，但跟孩子解釋為什麼要趕快穿上校服，會為孩子建立一生受用的反思能力，讓他能自行評估行動會帶來的後果。

兒童腦部發展專家強調，運用「原因思考」的對話方式，並不會促使孩子在短期內突飛猛進。家長應在日常生活中貫徹運用，讓思考成為孩子生活的一部分，從而培養及時反思的能力。

2 為孩子建構一個具啟發性的生活模式

家長除了關注自己與孩子的說話方式外，還需要在家中建立一個促進孩子反思的學習模式，對鞏固及時反思能力將事半功倍。著名教育學家 John Hattie 深信自主性對孩子學習反思能力非常重要。他在著作 *Visible Learning* 中提及，如果孩子能夠自主地規劃、自我審視及評估學習，就能推動他們的及時反思能力，自我改進。他認為高效能的學習策略，就是懂得計劃、執行及反覆回顧自己的學習進展，檢視自己是否達到預期的目標，再自我調整。家長要在家裏為孩子設立清楚的推行方案，並與孩子一起持之以恆。

現代生活節奏急速，不少家長會感到時間緊迫而傾向要孩子以指定方式完成事情，甚至已為孩子作好了一切安排，但這樣就令孩子失去機會由自己觀察及發現問題，再構想解決方法，並嘗試用自己的方法解難。因此，家長在家裏也要給予孩子空間，透

過孩子在日常生活中發現問題，陪伴他們構思並設立可行的方案，並動手嘗試。然後跟孩子一同回顧解難的過程，持之以恆，讓生活中的一點一滴都能啟發孩子的思考腦。

培養良方

家長可以教導孩子運用「計劃－執行－回顧」（plan－do－review）的方法，優化自己的思考歷程。這策略可以應用到日常生活的各個層面，由整理房間到規劃學習都適用，孩子可以學懂規劃時間、制定合宜方案、適時反思，並培養成習慣。以下列舉2個例子，讓家長掌握「計劃－執行－回顧」的操作。

例1 整理房間

以下用孩子需要定時整理及收拾自己房間作為例子。學習整理自己房間對孩子來說非常重要，不但能培養責任感，更能促進孩子發展組織力，例如分類及儲存，也有助孩子獲得成就感。

● **第1步：「計劃」階段（plan）**

家長和孩子一起討論整理房間的範圍和目標，即是孩子想要達到怎樣的整潔程度，以及需要做到的具體事情。家長可幫孩子清楚列出清理地板、整理書架、收拾衣物等任務，並一起制定時間表，由孩子決定具體的開始和結束時間，家長只需確保孩子有足夠時間完成便可。

及時反思

● 第2步：「執行」階段（do）

當孩子開始執行計劃，家長要鼓勵孩子按自己制定的計劃行事，提醒他專注於自己任務。過程中，家長可為孩子示範，給予提示或指導。家長亦可預先為孩子提供所需的工具，但要避免過多的參與，可從旁觀察孩子的進度，留意孩子用什麼方式實行，準備之後與孩子回顧。只要是在安全的情況下，都盡量不干擾孩子，讓他自己完成定下來的任務。

● 第3步：「回顧」階段（review）

完成任務後，家長要跟孩子一起回顧整個過程，給予孩子空間表達在整理過程中，他遇到的困難和挑戰，還要對孩子感到有成就感的付出加以肯定。留意，這階段對於培養孩子及時反思的能力非常重要，透過反思自己的行動所帶來的後果，孩子可以學會以後怎樣優化自己的決策，並掌握如何調節自己的情緒及反應，這正正在鍛煉孩子大腦負責統籌高階思維的前額葉。

家長可與孩子討論他在處事過程中所選取的策略之成效，以及孩子對各方面表現的自評，例如：時間管理、組織排序、處事態度、表達方式等。

另外，家長要清楚聆聽孩子的分享，把決策的主動權交給孩子，讓他感到被看見、被接納，這樣才能幫助孩子整理感受、表達自己，了解到及時反思為自己的決策帶來改進。

安排學習時間

安排自己的學習時間是很重要的心理歷程，讓孩子學會把讀書、溫習視為自己的責任。家長可鼓勵孩子訂立完成功課及溫習的時間表，嘗試讓他以自己的方式去完成學習上的事情，長遠有利孩子升上中學後掌握時間管理，以及反思自己的學習效能。

● 第1步：「計劃」階段（plan）

家長可先向孩子介紹什麼是自主學習，即孩子可自行訂立時間表和合理的學習方法來完成課業及溫習，然後從旁教導孩子制定自主學習的時間表。過程中，家長可與孩子一起商量每個科目需要花多少時間才能完成。

● 第2步：「執行」階段（do）

家長鼓勵孩子按照時間表及已訂立的方式來進行學習。剛開始時，家長宜多引導孩子自發地去溫習及完成課業，鼓勵孩子多發問，帶領孩子運用合適的方法學習，讓他熟習以不同方式彈性地溫習，例如：利用概念圖來熟讀植物的品種、設計對照表格來分辨動物與昆蟲的不同、懂得在網上揀選適合的媒體來觀看以促進學習。

● 第3步：「回顧」階段（review）

家長約定孩子定期檢視學習過程，幫助孩子更認識自己的學習方法及檢討學習態度，推動孩子大腦的反思能力。家長要鼓勵孩子說出自己對於自主學習的感受，以及如何改進自己的學習策略及方式。

及時反思

家長有什麼要 特別留意 ?

關鍵是讓孩子擔當主導角色

在「計劃－執行－回顧」過程中，家長的角色是陪伴者，而孩子才是主導的那個。當孩子在學習的過程中能充當主導的角色時，他們會對這個任務更感興趣，且更樂意參與其中，而這正正是激發他們投入度和內在動機的關鍵。同時，可從中加強鍛煉孩子的責任感，使他們為自己定下的事情負責任，向自己而非父母有所交代。最重要的是，當孩子能主導時，他們自然需要先思考清楚問題的核心和事情的重點，然後才制定可行的解決方案。

這樣的學習歷程才會鞏固孩子大腦的反思機制，有助孩子在計劃、執行及回顧的學習過程中掌握反思能力。孩子取得的進步都是來自他們的自發性及主導權，而非跟從父母的意見及方法，這對提升他們的自信及自我效能都非常重要，實在是培養自發性及積極學習的基礎。

學習相信孩子

身為家長當然期望自己為孩子所做的一切會帶來預期的成效，然而反思能力的發展因人而異。當過了一段日子，孩子可能依然沒有顯著的進步，難免令家長感到氣餒，甚至有機會責怪孩子；或者家長不想孩子走冤枉路，忍不住出手阻止孩子，避免他們犯下不必要的錯誤。不過家長要需明白一點，就是我們一定要放手，讓孩子自己去嘗試。如果家長過分嘮叨，常常擔心孩子不能好好處理自己的事情，孩子便

永遠沒有機會犯錯，也沒有機會反思，只會把責任推卸到家長身上。因此，家長一定要對孩子有信心，而這是非常重要的。透過信任，孩子變得更有自信，勇於反省學習，也勇於改變自己去克服面前的困難。希望家長能多些信任孩子，讓更多的可能性在孩子身上熠熠生輝。

參考資料

- Birgili, B. (2015) . Creative and critical thinking skills in problem-based learning environments. *Journal of Gifted education and creativity, 2* (2) , 71-80.
- Fan, W., & Williams, C. M. (2010) . The effects of parental involvement on students' academic self-efficacy, engagement and intrinsic motivation. *Educational psychology, 30* (1) , 53-74.
- Fox, S. E., Levitt, P., & Nelson III, C. A. (2010) . How the timing and quality of early experiences influence the development of brain architecture. *Child development, 81* (1) , 28-40.
- Hattie, J., & Yates, G. C. (2013) . *Visible learning and the science of how we learn*. Routledge.
- Hohmann, M., Weikart, D. P., & Epstein, A. S. (1995) . *Educating young children: Active learning practices for preschool and child care programs*. Ypsilanti, MI: High / Scope Press.
- NICHD Early Child Care Research Network. (2004) . Multiple pathways to early academic achievement. *Harvard Educational Review, 74* (1) , 1-29.
- Pluck, G., & Johnson, H. L. (2011) . Stimulating curiosity to enhance learning. *GESJ: Education Sciences and Psychology, 2.*
- Schweinhart, L. J. (2006) . The High/Scope approach: Evidence that participatory learning in early childhood contributes to human development. *The crisis in youth mental health*, 207-227.
- Suskind, D. (2015) . Thirty million words: *Building a child's brain*. Penguin.

均衡發展

作者名單

內容統籌：
鍾艷紅、甄樂瑤、譚嘉宜、黃麒錄、方婷

新雅教育系列

在家學IB：

心理學家助你在家培養孩子十大IB能力

作　　者：香港心理學會 輔導心理學部
責任編輯：陳奕祺
美術設計：郭中文
出　　版：新雅文化事業有限公司
　　　　　香港英皇道499號北角工業大廈18樓
　　　　　電話：（852）2138 7998
　　　　　傳真：（852）2597 4003
　　　　　網址：http：//www.sunya.com.hk
　　　　　電郵：marketing@sunya.com.hk
發　　行：香港聯合書刊物流有限公司
　　　　　香港荃灣德士古道220-248號荃灣工業中心16樓
　　　　　電話：（852）2150 2100
　　　　　傳真：（852）2407 3062
　　　　　電郵：info@suplogistics.com.hk
印　　刷：中華商務彩色印刷有限公司
　　　　　香港新界大埔汀麗路36號
版　　次：二〇二四年七月初版

ISBN：978-962-08-8421-4
© 2024 Sun Ya Publications (HK) Ltd.
18/F, North Point Industrial Building, 499 King's Road, Hong Kong
Published in Hong Kong SAR, China
Printed in China

封面照片來源：
© Chih Yuan Wu | Dreamstime.com